REFLITA COMIGO

MENSAGENS DO EVANGELHO

EDITORA EME

Solicite nosso catálogo completo, com mais de 500 títulos, onde você encontra as melhores opções do bom livro espírita: literatura infantojuvenil, contos, obras biográficas e de autoajuda, mensagens espirituais, romances palpitantes, estudos doutrinários, obras básicas de Allan Kardec, e mais os esclarecedores cursos e estudos para aplicação no centro espírita - iniciação, mediunidade, reuniões mediúnicas, oratória, desobsessão, fluidos e passes.

E caso não encontre os nossos livros na livraria de sua preferência, solicite o endereço de nosso distribuidor mais próximo de você.

Edição e distribuição

EDITORA EME

Caixa Postal 1820 - CEP 13360-000 - Capivari - SP

Telefones: (19) 3491-7000 | 3491-5449

Vivo (19) 99983-2575 | Claro (19) 99317-2800

vendas@editoraeme.com.br - www.editoraeme.com.br

WALDENIR APARECIDO CUIN

REFLITA COMIGO

MENSAGENS DO EVANGELHO

Capivari-SP
- 2016 -

A Editora EME mantém, ainda, o Centro Espírita "Mensagem de Esperança", colabora na manutenção da Comunidade Psicossomática Nova Consciência (clínica masculina para tratamento da dependência química), e patrocina, junto com outras empresas, a Central de Educação e Atendimento da Criança (Casa da Criança), em Capivari-SP.

1ª edição - abril/2016 - 3.000 exemplares

CAPA | André Stenico
DIAGRAMAÇÃO | Marco Melo
REVISÃO | Rubens Toledo

Ficha catalográfica

Aparecido Cuin, Waldenir, 1952
Reflita comigo / Waldenir Aparecido Cuin - 1ª ed. abr. 2016 - Capivari, SP : Editora EME.
200 p.

ISBN 978-85-66805-79-6

1. Espiritismo. 2. Autoajuda. 3. Textos motivacionais. 4. Apoio à reforma íntima. 5. Estudando o Evangelho. I. TÍTULO.
CDD 133.9

Sumário

Dedicatória

Dedico este livro a Romeu Grisi, hoje na espiritualidade, pelos notáveis exemplos de fidelidade a Allan Kardec e pelos serviços prestados ao movimento espírita de Votuporanga e região, tornando-se destacado referencial a ser seguido.

Agradecimento

Agradeço, sensibilizado, a publicação de alguns dos artigos que compõem este livro. Especialmente:

Diário de Votuporanga;
A Cidade (Votuporanga, SP);
Folha Espírita;
O Consolador (revista eletrônica, Londrina, PR);
Luz e Verdade (Lisboa, Portugal)

Introdução

NADA MAIS ATUAL na literatura moderna, nos quesitos autoajuda, motivação e elevação da autoestima, que as imprescindíveis lições de Jesus Cristo.

Busca a criatura humana, sofregamente, escoras fortes que possam mantê-la de pé, ante as seguidas e pesadas tormentas da vida.

No entanto, em oportunidades múltiplas, o homem mergulha inadvertidamente no labirinto das opções enganosas, que mascaram soluções e que, mais dia menos dia, desabam diante da realidade dos equívocos.

O livre-arbítrio nos propicia o direito de escolher caminhos, decidir e deliberar, mas a nossa história tem demonstrado com clareza que, enquanto permanecermos distantes do Evangelho do Cristo, não lograremos encontrar o oásis de paz e a ilha de serenidade que almejamos.

O Evangelho de Jesus não está destinado às prateleiras ou à cabeceira da cama, como adorno sujeito à poeira e esquecimento. É conteúdo que precisa, urgentemente, adentrar os refolhos da mente, deslizando até o coração, para dar base sólida e nortear nossas vidas.

Viver nas claridades do Cristo ou permanecer nas sombras da indiferença, obviamente, é uma escolha totalmente nossa.

Tem este livro, reservadas as suas limitações, o desejo de contribuir, mesmo que seja um pouco, para que reflitamos sobre os inesquecíveis ensinamentos de Jesus.

O autor

Uma história real

Vinde a mim todos vós que sofreis
e que estais sobrecarregados e eu vos aliviarei.
Jesus *(Mateus, 11:28)*

ANSELMO INICIAVA A arrumação no estabelecimento comercial quando sentiu alguém lhe tocar o ombro. Virou-se rapidamente procurando por quem despertara sua atenção. Diante de seus olhos, uma criatura serena a expressar leve e enigmático sorriso, rosto corado, bem-vestido, barba feita, cabelos aparados.

— Anselmo, não está me reconhecendo?

— Meu amigo... Percebo que sua fisionomia não me é estranha, mas, no entanto, não consigo reconhecê-lo. Desculpe-me...

— Que nada, Anselmo! Muitas pessoas não mais me reconhecem, graças a Deus. Eu sou o Juvêncio. O Juvêncio, o bêbado...

— Juvêncio? Aquele que ficava dias e noites em frente à venda, esperando que alguém lhe pagasse uma dose? Aquele que vivia sempre embriagado, dormindo ao relento, quase sem comer, sem tomar banho, abandonado pela família? Não posso crer... Você? Aquele farrapo humano?

— Sim. Sou o Juvêncio, mas agora Juvêncio com jota maiúsculo!

— Você desapareceu, Juvêncio... E não mais tivemos notícias suas. Chegamos a pensar que algo desagradável lhe tivesse acontecido. Mas que ótima surpresa, meu irmão! Fico muito feliz por vê-lo assim. Como conseguiu tamanha mudança?

— Anselmo... Depois de muito sofrimento, nem mesmo sei a razão, acabei indo parar noutra venda... E o martírio continuou por mais algum tempo. Certo dia, percebi que um senhor, de aparência que inspirava muito respeito, observou-me por alguns minutos. Eu estava alcoolizado, mas lúcido o suficiente para notar que ele me olhava profundamente.

— E então? O que aconteceu? — quis saber Anselmo.

— Após instantes, esse homem se aproximou e perguntou se gostaria de trabalhar em sua propriedade rural, prestar serviços gerais. Ofereceu um quarto e comida, além de certo pagamento. Surpreso, vi em seu olhar tamanha generosidade que não tive outra escolha senão acompanhá-lo até minha nova morada.

— Um benfeitor, com certeza! — exclamou Anselmo, interessado. — E você aceitou?

— Da propriedade ele não permitia que saísse sozinho. E certo dia disse que ia à cidade e precisava de minha companhia. Chegamos a uma casa, com um amplo salão. Era um centro espírita... Ali fui bem recebido, tratado com carinho.

— Não teve medo?

— Depois de tudo que já vi nesta vida, o que poderia temer? Além do mais, nunca havia sido tratado com tanto respeito. Convidaram-me a entrar numa sala. Fiquei sem jeito, mas o patrão me encorajou a entrar. As pessoas liam um livro.

A essa altura, os dois amigos já estavam sentados à mesa do armazém.

— Conte mais, Juvêncio.

— Conforme explicou o doutor Veiga, aquela era reunião de estudos. Perguntou-me se gostaria de voltar, e eu disse que sim. Eu percebi que ele estava mesmo tentando me tirar do vício... E eu estava ganhando coragem. E o carinho de todas aquelas pessoas era algo admirável. Eu não deveria decepcioná-las...

— Inacreditável! — exclamou Anselmo, admirado.

E Juvêncio continuou sua história.

— Pois eu lutei com todas as forças. Chegava a sonhar que estava tomando copos de cachaça. O tempo passou, eu fui resistindo. Alguns ex-colegas de bar convidavam-me para aniversários e batizados, que eram apenas pretexto para "encher a cara". Eu me desculpava, justificando trabalho na fazenda.

Anselmo começou a sentir-se desconfortável. A ideia de oferecer uma bebida ao visitante pareceu totalmente inoportuna. Tentou então interromper a narrativa e oferecer um café. Mas antes que fizesse o movimento, Juvêncio segurou-lhe o braço.

— Não precisa se preocupar, Anselmo. Não vou demorar.

— Mas, pelo menos me conte esta história direito. Você voltou a esse centro espírita?

— Sim, esse homem, que hoje é meu patrão e meu amigo, o doutor Veiga, fez por mim o que tem feito por muita gente, que se deixou arrastar pelo vício. Na sua fazenda, encontrei trabalho e uma ocupação digna. No centro espírita, consegui a recuperação.

— Ele é um benfeitor, com certeza. Ele sabia quem você era?

— Não... Mas se compadeceu de mim. Contou depois que eu não sofria sozinho. Junto de mim, antigos companheiros de bar também estavam presos ao vício. E eles bebiam através de mim...

De olhos arregalados, Anselmo balbuciou:

— Como diz o freguês, "uma parte pro santo!"

A clientela começa a chegar. E Cida, esposa de Anselmo, corre de um lado a outro para atender os clientes. Um quilo de arroz, um de batata, um pacote de farinha... Mas no balcão há outros clientes que vieram com intenção de beber.

— Aqui, por favor! — grita o freguês, esperando uma nova dose.

Juvêncio levantou-se, apanhou o chapéu. Voltou-se e falou:

— Se não se importa, gostaria de deixar este cartaz contigo, para que fosse afixado no estabelecimento... Foi bom para mim. Pode ser bom pra outros.

— Claro... Pode deixar. Apareça sempre. A casa está às ordens. Estou muito feliz por você.

Juvêncio acenou, sorriu. Entrou no carro e partiu. Anselmo foi ao encontro da esposa.

— Quem era ele, Anselmo? Fiscal?

O marido gaguejou.

— Esse homem que você viu aqui é o Juvêncio... Aquele que dormia aqui na calçada... Que comprava pinga fiado.

— Meu Jesus! E eu achei que tivesse morrido de bebedeira. E esse papel, o que é?

Anselmo foi à parede e fixou o cartaz: "*Centro Espírita Os Seareiros. Aberto todos os dias, das 8 às 22 horas. Liberte-se do vício. Venha conhecer o Evangelho de Jesus!*"

Desde esse dia, o armazém de Anselmo não foi mais o mesmo. Não vendeu mais bebidas alcoólicas. Em vez disso, uma estante junto ao balcão passou a divulgar mensagens de autoajuda, campanhas dos Alcoólicos Anônimos e exemplares de *O Evangelho segundo o Espiritismo.*

I

Vencer o mundo e vencer no mundo

Tende bom ânimo, eu venci o mundo.
Jesus *(João, 16:33)*

EM RESPOSTA A Allan Kardec, o Espírito da Verdade[1] informa que voltamos a viver na Terra, pela escola da reencarnação, para reparar erros e vivenciar novas experiências, especialmente aquelas que nos impulsionam rumo à felicidade e à perfeição.

Renascemos, então, dentro do lar e do ambiente que favoreçam a aquisição dessas lições, que vão promover mudanças psicológicas e comportamentais nas velhas e milenares estruturas que ainda nos prendem à inferioridade[2].

Lemos ainda em *O Livro dos Espíritos* que a paternidade é uma missão[3]. Isso, obviamente, diante da importância da condução infantojuvenil, pois que o espírito que deixou o mundo espiritual, buscando prosperidade, tem absoluta necessidade de orientação advinda daqueles que têm a responsabilidade pela sua educação.

1 *O Livro dos Espíritos*, questão 132.
2 Idem, questão 383.
3 Idem, questão 582.

Então, diante da tão importante e inadiável tarefa, a de conduzir convenientemente os rebentos que nos foram confiados por Deus, sejamos prudentes, convictos e responsáveis em ajudar aqueles que aportaram no mundo físico, trazendo na bagagem da esperança a séria proposta de empreender esforços para a evolução espiritual. Assim, preparemo-los para vencer o mundo e não somente para ganhar destaque no mundo.

As conquistas materiais e os destaques sociais terão valor e importância se nos remeterem ao progresso espiritual. Os primeiros são efêmeros, passageiros, enquanto o último é definitivo, pois, seguirão conosco para os dias da eternidade, com proveito, somente as realizações que nos permitirem avanço espiritual.

Sabendo disso, indispensável que reflitamos, madura e responsavelmente, sobre como estamos guiando os "pequenos" que a Providência Divina colocou em nosso convívio. E ela o fez, confiando na nossa firmeza em educá-los.

Utilizemos todos os recursos e informações disponíveis visando o sucesso da nossa tarefa de educadores, mas jamais olvidemos a exemplificação da ética, dignidade, honradez e sublimidade. As palavras esclarecem, mas somente os exemplos convencem.

Falemos a eles sobre os malefícios do álcool, do tabagismo e de outros vícios mais pesados, mas demonstremos, na prática, que também não nos damos a tais descuidos.

Ofereçamos aos nossos meninos tratamento médico e dentário de qualidade, escolas conceituadas, recreação saudável, alimentação adequada, roupas e calçados da moda, recursos da tecnologia do momento, tudo isso relacionado com a nossa natureza material.

Mas não podemos esquecer suas necessidades de natureza espiritual. É preciso encaminhá-los à Escola de Evangelização, aos grupos de pré-mocidade e mocidade no centro espírita, a fim de que se compenetrem da sua natureza espiritual.

Nossos filhos têm seus ídolos na música, no esporte, na cultura alternativa. Alguns deles viraram heróis de histórias em quadrinhos, games ou filmes de aventura e ficção. Mas, na vida real, carregam os problemas e fraquezas do homem comum. Enfim, são ídolos de barro, que muitas vezes sucumbem diante da ventania e das tempestades.

Quantos atletas olímpicos foram pegos no *antidoping* e tiveram de devolver suas medalhas? Quantos craques do futebol não tiveram a carreira destruída por conta do álcool e outras drogas? Quantos atores famosos dos filmes de ação não confessaram suas quedas morais nos relatos biográficos?

Então, apresentemos aos nossos filhos esses ídolos diferentes, como Francisco Cândido Xavier, madre Teresa de Calcutá, Mahatma Gandhi e outros que nos entregaram verdadeira melodia de dignidade e nobreza de caráter.

Levemos nossos filhos ao shopping, à colônia de férias, à Disneylândia, mas levemos os meninos para conhecer também um bairro periférico, a fim de que conheçam a dor que habita os casebres. Que aprendam já, desde pequenos, a repartir, com os menos favorecidos, as vestes ou calçados que sobram no guarda-roupa e também alguns gêneros alimentícios. Que conheçam, enfim, a realidade dos que vivem em extrema pobreza.

Quando dermos presentes aos nossos filhos, acrescentemos à lista, um bom livro, adequado à sua idade, que os introduza na leitura edificante, especialmente aquelas que falem de Jesus.

Reunamos os pequenos para o almoço em família, na sala de televisão, para ver um programa edificante, ou levemo-los a participar de programas esportivos e recreativos. Mas jamais olvidemos a importância e o valor das reuniões para o culto do evangelho no lar.

Cuidemos, com muito esmero e atenção, da natureza física dos nossos filhos, e utilizemos a mesma força, o mesmo ímpeto e o mesmo tempo para cuidar, com muita responsabilidade e zelo, da sua natureza espiritual.

Orientemos a geração infantojuvenil, que está sob nossa responsabilidade, para que vença o mundo, e, não somente para que vença no mundo, conforme lecionou Jesus, o excelso amigo que Deus enviou à Terra para ser nosso guia e modelo.

II

Natureza espiritual

E a que caiu entre espinhos, esses são os que ouviram e, indo por diante, são sufocados com os cuidados e riquezas e deleites da vida, e não dão fruto com perfeição...
(Lucas, 8:14)

NA VIDA, É preciso agir com muito critério e discernimento, elegendo nossas prioridades segundo os valores espirituais que nos permitam caminhar rumo à perfeição.

Sendo filhos de Deus, nascidos simples e ignorantes, carregamos em nosso âmago a proposta da evolução, contando para isso com toda a sábia e oportuna estrutura universal, que nos oferece os recursos e as condições necessárias para que atinjamos o ápice da escala evolutiva.

Não fomos criados perfeitos. A perfeição será alcançada, mais cedo ou mais tarde, dependendo, obviamente, dos esforços de cada um. Assim, ninguém poderá alegar que o Criador privilegiou este ou aquele, uma vez que diante do justo e ético código divino as oportunidades são idênticas para todos.

As diferenças surgem em decorrência do livre-arbítrio, que permite a cada um fazer as próprias escolhas. Naturalmente, o resultado dessas escolhas vai ensinar qual o melhor caminho. Daí dizermos que, na escola da vida, o método de aprendizagem é a experiência.

O mundo físico é de fato uma escola. No entanto, a meta a ser atingida não é vencer no mundo, mas sim "vencer o mundo", conforme sentenciou Jesus, ensinando como viver com honestidade, honradez, ética, respeito e com muito amor, esse notável sentimento que faz nascer a solidariedade, a fraternidade e o profundo desejo de que todas as criaturas tenham o seu lugar ao sol.

Portanto, espiritualmente, o que seria melhor? Empregar as nossas forças buscando usufruir uma vida regada de conquistas materiais ou desfrutar uma vida coroada de vitórias espirituais?

Que será preferível: pensar somente em nós, egoisticamente, como se fôssemos uma ilha, ou agir coletivamente, ajudando a construir uma humanidade que proporciona oportunidades iguais a seus membros?

Ninguém está impedido de desfrutar o conforto que a vida material pode oferecer. Desde que isso tenha sido conquistado honestamente, pelo trabalho digno, ou que tenha sido fruto de um direito.

Mas não seria mais importante, observando pelo prisma da vida imortal, sacrificar os interesses materiais, com o desejo de alavancar prosperidade espiritual?

A existência no corpo físico tem curta duração. É efêmera, passageira, sendo que a verdadeira vida é a espiritual, imortal. Esta, pois, é a vida definitiva.

Não que a vida física deva ser desprezada. Se não tivesse um fim útil, a Providência Divina não a teria instituído. Mas qualificá-la como prioritária é cometer grave erro de avaliação. E esse tipo de avaliação tem gerado desconforto, prejuízos e dores em nosso coração, no seio familiar e no meio social.

A serenidade que queremos e a paz que buscamos somente serão possíveis quando alongarmos o olhar para além desta vida, trabalhando a serviço de todos, como assinalou o mestre (Marcos 9:35), sem esperar ou cobrar nada de ninguém, mas na condição de fiel servidor de Jesus, guia e modelo para a humanidade.

Então, caro leitor. Reflita comigo: o que seria melhor, do ponto de vista da vida espiritual: ganhar notoriedade na Terra, não importando os métodos utilizados, ou entrar no mundo espiritual, conduzindo a serenidade e a paz em nossa consciência?

III

Todo empenho possível

Fiz-me fraco para com os fracos, com o fim de ganhar os fracos. Fiz-me tudo para com todos, com o fim de, por todos os modos, salvar alguns.
Paulo *(I Coríntios, 9:19-23)*

A PROVIDÊNCIA DIVINA, exercendo a máxima compreensão e conhecimento sobre cada criatura, por certo não exigirá de ninguém que produza além das forças que possui. Apenas espera que cada filho de Deus, dentro dos seus limites e potencialidades que ostenta, faça o possível no contexto social em que vive, propondo a construção de um mundo mais solidário, operoso e pacífico.

É inegável, ainda, a nossa condição de seres distantes da perfeição, mas não podemos ignorar que estamos a caminho de conquistar tal postura, isso obviamente, mediante nossos esforços, tendo a plena consciência de que as aquisições edificantes virão como consequência do trabalho que deverá ser realizado, individualmente.

Dotados de inteligência, bom-senso e maturidade espiritual, temos absolutas prerrogativas de identificar de que forma podemos agir no âmbito da sociedade em que mourejamos. Observando os acontecimentos que nos rodeiam, com sutileza conseguiremos perceber onde e como deveremos atuar, considerando como meta e objetivo o bem-estar das criaturas humanas.

Não basta que estejamos bem se nossos irmãos do caminho seguem suas vidas pelas vielas sombrias do sofrimento. A paz que desejamos não será conseguida se apenas algumas criaturas vivem com mais tranquilidade, pois o gemido num continente lança desespero e aflições para o mundo todo.

É óbvio que nossas influências não irão muito além do raio de ação social a que estamos vinculados. Mas até onde chegarem, que possam levar mensagens de esperança e alento, de fraternidade e companheirismo, de amor e afetividade, pois, nos dias atuais, precisamos muito mais de sentimentos que conhecimentos.

O intelecto vai bem, prosperando sempre, nas rodas do progresso. O sentimento, porém, ainda continua patinando na lama viscosa produzida pelo orgulho e pelo egoísmo. Essas chagas nefastas e resistentes atravancam o carro da humanidade e constroem montanhas de dor e represas escuras de lágrimas.

Importa, então, que ajustemos os nossos recursos, sejam eles materiais, morais ou intelectuais, e os coloquemos a serviço do bem-estar do homem, que precisa ser a razão maior da nossa existência. Nada poderá ser mais importante do que a paz e a felicidade, morando definitivamente no coração das criaturas humanas.

Cada gesto, atitude, procedimento ou decisão somente serão respaldados pela sábia, justa e perfeita Justiça Divina se estiverem imbuídos do firme e decidido propósito de assistir beneficamente e engrandecer cada criatura humana.

Assim, sendo mais fortes, amparemos os mais fracos. Mais ricos, socorramos os mais pobres. Bem dotados intelectualmente, protejamos os de menor potencial de inteligência. Mais influentes, ajudemos aqueles que seguem ignorados.

Sendo famosos, procuremos estender as mãos aos desconhecidos. Gozando de saúde equilibrada, não esqueçamos os doentes que vivem sem recursos médicos ou medicamentosos adequados. Ninguém é tão desprovido de qualquer espécie de recurso que não tenha nada para oferecer ao próximo.

A Providência Divina, por certo, não espera que modifiquemos o mundo para melhor imediatamente, mas aguarda a nossa movimentação no bem, no limite das nossas forças, tendo como proposta principal a edificação da sociedade dos nossos sonhos. Façamos a nossa parte.

IV

Evite bebida alcoólica

Tudo me é lícito, mas nem tudo me convém.
Paulo *(I Coríntios, 6:12)*

"A OBSESSÃO MUNDIAL pelo álcool, no plano humano, corresponde a um quadro apavorante de vampirismo no plano espiritual", assinala J. Herculano Pires, no livro *Diálogo dos vivos*. Ante a realidade científica, ninguém ousaria contestar a assertiva de que a bebida alcoólica é fonte de inumeráveis malefícios ao corpo e ao caráter das criaturas.

A ingestão de alcoólicos nenhum benefício oferece ao ser humano; antes, mesmo em doses diminutas, só proporciona prejuízos. Trata-se, portanto, de hábito nefasto, pernicioso e abrangente, que faz pessoas doentes, cria ambiência para intrigas e confusões, oferece base para a violência.

É ainda responsável por acidentes de trânsito, sendo componente desagregador de famílias, esparramando medo e insegurança no contexto social, isso no plano físico. Já no espiritual, é fonte abundante de combustível usado pelos espíritos inferiores em processos de vampirização contra os consumidores.

Portanto, o uso de bebidas alcoólicas não coaduna com os ensinamentos evangélicos e nem com as valiosas orientações ofertadas pelos espíritos benfeitores, caminhando na contramão da lógica e do bom-senso.

Obviamente, diante de tantas e claras informações, nenhum estudante do espiritismo poderá alegar ignorância quanto à gravidade do assunto. Se assim for, soa contraditório e causa indignação o uso de bebidas alcoólicas em eventos beneficentes patrocinados por casas espíritas.

Alegam alguns confrades que, principalmente em eventos onde são oferecidos alimentos, se não houver a presença de bebidas alcoólicas, vendem-se menos ingressos, e, portanto, a renda poderá ser menor, comprometendo o sucesso da empreitada.

É inegável a necessidade de recursos financeiros para que os núcleos espíritas mantenham e continuem oferecendo programação de assistência e promoção humana, com a salutar proposta de contribuir para a edificação de uma sociedade mais justa, fraterna e humana. Mas será correto obter tais recursos com o auxílio de tóxico que desfigura o corpo e violenta o caráter? Seria o mesmo que tentar apagar um incêndio jogando gasolina.

Em estudos, palestras, seminários e outros tipos de encontros nos centros espíritas, o vício é constantemente combatido. Ações são desenvolvidas objetivando alertar as pessoas sobre os prejuízos decorrentes dos tóxicos, inclusive o álcool.

Livros valiosos e esclarecedores foram escritos por

benfeitores espirituais e por autores encarnados, mostrando as consequências da "tragédia engarrafada". No entanto, a pretexto de conseguir dinheiro, será lícito ignorar tudo isso? Onde a nossa coerência?

Incentivamos o vício em promoções beneficentes, alegando erroneamente ser uma boa causa, para posteriormente dizer aos que frequentam os núcleos espíritas que precisam combater o álcool. Como pedir às nossas crianças, adolescentes e jovens que evitem bebidas alcoólicas se nós contribuímos para sua disseminação e consumo?

Por certo, nos eventos que realizamos, onde bebidas alcoólicas são oferecidas, os resultados financeiros poderão ser melhores, mas se trata de postura ilusória, pois gastaremos mais, também, no socorro daqueles que incentivamos ao consumo alcoólico.

O espiritismo é uma doutrina eminentemente esclarecedora, tendo a firme proposta da educação das criaturas. Assim, quando promovemos eventos beneficentes, sem bebidas alcoólicas, estamos contribuindo para consolidar a nossa convicção nas valiosas lições de Jesus, e, indiscutivelmente, colaborando para o combate de tão degradante hábito.

Por certo, os benfeitores espirituais que apoiam todos os agrupamentos solidários e fraternos, que lutam em prol do bem, inspirarão outras maneiras e formas de se obterem os recursos financeiros que sustentarão as obras baseadas no amor. E lembremos Jesus: "Porque, onde estiverem dois ou mais reunidos em meu nome, ali estarei no meio deles." (Mateus 18:20)

V

Siga Jesus

Dizes confiar no poder do Cristo, mas, se o dia aparece em cores contrárias à tua expectativa, demonstras deplorável indigência de fé na inconformação.
Emmanuel/F. C. Xavier *(Fonte Viva, item 123)*

QUANDO AFIRMA SER cristão, tacitamente estará corroborando sua convicção nas lições de Jesus Cristo. O discípulo segue o mestre porque aceita e concorda com a doutrina que ele apregoa. Tem certeza sobre as verdades que ensina, sobre as lições que apresenta, sobre o roteiro de vida que segue.

Na questão específica sobre Jesus, o guia e modelo enviado por Deus para que os homens possam segui-lo, em busca da paz e da felicidade, no contexto do corpo da sua inquestionável e absoluta doutrina, nada ocorrerá à criatura humana que não seja o bem, o belo e o nobre.

Se algo não sai como prevíamos, se acontecimentos infelicitam a nossa vida, se ocorrências em desalinho pintam os nossos dias com cores negras e se dores e sofrimentos atormentam os nossos corações, obviamente nada disso procede do patrimônio espiritual do Cristo, mas sim das leis de causa e efeito, de ação e reação, que são manejadas, livremente, pelas nossas deliberações e escolhas.

O mestre ensina o discípulo, em vez de escravizá-lo. Orienta, mas jamais impõe. Exemplifica, sem exigir que se faça como ele, por enquanto. Assim, o aprendiz, dentro de suas possibilidades, vai absorvendo conhecimentos, fazendo uso da liberdade nas suas prerrogativas.

Então, se somos verdadeiramente cristãos, em hipótese alguma podemos apresentar indignação, revolta ou inconformismo ao defrontar situações infelizes que se originaram das escolhas que fizemos. O Cristo ensinou o correto, mas preferimos fazer do nosso jeito. Daí, obviamente, os resultados adversos.

Jesus não tem culpa se ainda não sabemos utilizar corretamente a lei de ação e reação ou se ainda não nos preocupamos em aprofundar reflexões sobre a lei de causa e efeito. Ação equilibrada, espiritualizada, rende reações da mesma natureza. Causa em consonância com os padrões da dignidade, reflete efeitos com o mesmo teor e conteúdo.

Jesus — o mestre — ensina; já, o discípulo, este tem a liberdade de decidir o seu caminho, de acordo com o que pensa, entende e tem capacidade de realizar.

Então, sejamos cristãos, convictamente, e não atribuamos a Jesus ou à falta de sua assistência e proteção os fracassos que invadem as nossas vidas com os seus roteiros de decepções, enganos e ilusões.

Não vale e nem adianta procurar culpados para as

nossas mazelas, uma vez que elas, invariavelmente, decorrem de ações humanas e não divinas.

Permaneçamos firmes na fé, na convicção, na certeza de que temos tudo o que precisamos para realizar o melhor aqui na Terra. Ainda, não descuidemos do imprescindível aprendizado das lições do Cristo e avancemos destemidos, na rota de progresso e prosperidade espiritual que traçamos.

Se Jesus disse "Vinde a mim vós que sofreis que eu vos aliviarei"[4], por certo não existirá outro caminho. Qualquer outra direção escolhida será, sem dúvida, via de naufrágio.

---

4 Mateus 11:28

VI

Superando obstáculos

A felicidade não é deste mundo.
(Eclesiastes)

O PROGRESSO INTELECTUAL e moral não se opera sem que haja considerável dose de boa vontade, representada pelo esforço na superação de desafios, barreiras e obstáculos. É um engano pensar que essas urgentes e imprescindíveis conquistas possam nos chegar às mãos de forma gratuita, como se fora um presente dos céus.

A Natureza, em toda a sua dimensão, tem dado repetidos exemplos, ao homem, de como atua, em seus mais variados segmentos, objetivando alcançar os objetivos a que se propõe.

O rio caudaloso, desejando cumprir sua meta, contorna obstáculos, projeta-se em quedas livres, carrega, em seu leito, material de toda ordem, mas não abandona o propósito traçado.

A semente vigorosa, para ser árvore e carregar-se de frutos, visando cobrir a nossa mesa de alimento, não reclama da cova escura e úmida onde começa o seu legado de utilidade.

A chuva abençoada, após cair límpida do espaço,

não lamenta sua transformação em lama, para regar o solo e criar condições para a continuidade da vida na Terra.

De nossa parte, assim também precisamos agir. Sem desafios, sem dificuldades e sem esforços jamais sairemos da condição pouco evoluída que ainda ostentamos.

A vida, sendo pródiga, junto com a Providência Divina, no contexto da imensa sabedoria, sempre nos situa, no mundo, com as condições e mecanismos necessários para que tenhamos todos os recursos à disposição, visando a nossa tão desejada evolução espiritual, que obviamente pressupõe o crescimento moral e intelectual, essas duas asas que nos permitirão alçar voo para o infinito.

Portanto, os desafios que se apresentam em nossa vida na condição de dificuldades a serem superadas são, em realidade, ferramentas que nos chegam às mãos. Trabalhar com elas com todo o empenho possível, sem reclamações e inconformismos, é o que devemos e precisamos fazer.

Ninguém, obviamente, em sã consciência, enfrentará os percalços e as lutas dessa vida achando tudo muito bonito e prazeroso. Assim como o aluno, que na sala de aula fica apreensivo com a chegada da nova lição, mas que tem a maturidade devida e a consciência de que poderá superar as mais ferrenhas barreiras, assim também, munidos de ideal, perseverança e alta dose de determinação, nós sabemos que nada poderá impedir nosso sucesso.

Diante ainda da condição evolutiva que abrigamos, talvez por inexperiência ou mesmo por falta de compreensão mais acurada, preferimos a vida fácil, descuidada e vivida sem tantos compromissos e responsabilidades. No entanto, tal postura, adotada por muitos de nós, praticamente nos mantém sempre no mesmo lugar, sem avanços significativos na trilha da nossa evolução espiritual.

Assim, não lamentemos os desafios e os obstáculos que nos chegam. Dentro do possível, façamos o máximo esforço para vencê-los, pois a cada vitória obtida, a cada dificuldade superada, aumentamos a nossa estrutura espiritual e, assim, vamos nos aproximando, mesmo que lentamente, da serenidade que desejamos.

Como bem expressa o *Eclesiastes*: "A felicidade não é deste mundo", mas laborando com dedicação e sempre fiéis às valiosas e inesquecíveis lições de Jesus Cristo, que sabiamente nos orienta pelos caminhos, agindo com acerto começaremos aqui mesmo na Terra a usufruir um pouco mais de paz e tranquilidade.

Tenhamos sempre fé e confiemos totalmente nas ações seguras e prestativas da Providência Divina em nosso favor. Em momento algum estamos sozinhos, pois tudo que está ao nosso redor tem o aval de Deus.

VII

Maturidade espiritual

Cada um colherá aquilo que tiver semeado: quem semeia na carne, da carne colherá a corrupção; quem semeia no espírito, do espírito colherá a vida eterna.
Paulo *(Gálatas, 6:7)*

TODA CRIATURA HUMANA, dotada de lucidez e pleno domínio da razão, deseja ser feliz e viver em paz. No entanto, são poucas aquelas que conseguem seguir por caminhos de equilíbrio, maturidade e com a devida consciência dos reais valores que possam assegurar-lhes tão almejadas conquistas.

Por certo não basta apenas querer. É imprescindível saber como utilizar os recursos, mecanismos e dispositivos que a Providência Divina coloca à nossa disposição para que obtenhamos os resultados satisfatórios que esperamos. Seguir pela vida ignorando as valiosas e sábias lições de Jesus, por certo será andar na contramão dos nossos anseios e buscas.

A felicidade e a paz têm como base a tranquilidade da nossa consciência, quando cumprimos fielmente os nossos deveres e obrigações como filhos de Deus, colocados dentro de um amplo contexto humanitário.

Em suma, não conseguiremos ser felizes e nem viver pacificamente sozinhos.

Crianças, adolescentes e jovens esperam por exemplos de dignidade e altivez dos adultos, para que possam traçar seus roteiros de vida, espelhados em comportamentos seguros e nobres, para que se tornem homens de bem. Dando a nossa contribuição, estaremos plantando a paz.

Mães sofridas e pais desesperados deambulam, muitas vezes sem rumo, ante as incertezas da vida e as dificuldades que enfrentam, para manterem seus lares estruturados no equilíbrio e na ordem. Socorrendo-os dentro das possibilidades que temos, por certo estaremos construindo a felicidade.

Com frequência encontramos idosos sem lar experimentando as agruras da velhice sem o afeto e a presença de familiares. Estendendo a mão na direção deles, buscando aliviar-lhes os padecimentos no crepúsculo da existência, estaremos edificando a paz.

Criaturas com doenças pertinazes se recolhem em leitos de dor, agonizando padecimentos de toda ordem. Utilizando as nossas possibilidades para ministrar-lhes algum tipo de alívio, estaremos semeando as bases da felicidade.

Desempregados seguem pela vida procurando por uma ocupação útil que lhes possibilitem ganhar o sustento com o suor de seus esforços. Ombreando-os com sensibilidade visando ajudá-los na obtenção de empregos, estaremos plantando a lavoura da paz.

O campo de trabalho é imenso, e as oportunidades

para prestar a nossa colaboração surgem, diariamente, em grande quantidade. Urge saibamos aproveitá-las, pois, como assevera Paulo de Tarso, "cada um colherá aquilo que tiver semeado".

As leis de Deus são de compensação: "É dando que se recebe", ensina Francisco de Assis. Assim, meditando sobre aquilo que estamos fazendo, sobre a forma como estamos aproveitando as oportunidades que a vida nos tem oferecido, poderemos saber, diante da lógica e da evidência da razão, se realmente seguimos na direção da paz e da felicidade que tanto almejamos.

Será preciso que nos conscientizemos de que tais conquistas não serão benesses que nos chegarão às mãos como dádivas caídas do céu, mas sim como conquistas obtidas a partir do nosso esforço em fazer os outros felizes e pacíficos.

A escolha é totalmente nossa. A mão que oferta uma flor fica perfumada; a mão que remexe lixo se impregna de podridão. A flor do bem praticado em favor do próximo rende-nos paz e felicidade; o lixo da indiferença e do descaso para com os irmãos do caminho nos afasta delas.

VIII

Você tem fé?

Pois em verdade vos digo que, se tiverdes fé como um grão de mostarda, direis a este monte: passa daqui para acolá, e ele passará. Nada vos será impossível.
Jesus *(Mateus, 17:20)*

TEM FÉ QUEM tem convicção absoluta de que tudo o que lhe ocorre está sob o comando sábio e direção segura da Providência Divina. Isso, obviamente, não significa que você tenha de permanecer acomodado e indiferente às coisas que acontecem ao seu redor.

Cada qual tem o dever de procurar sempre a sua melhoria, mas com a clareza de raciocínio para refletir que tudo obedece ao código divino. Isso não impede que soframos decepções e desilusões, mas nos poupa do desespero e do inconformismo, que poderiam nos levar à depressão e a atos extremos.

Saber é muito diferente de ter convicção. Muitas vezes ouvimos pessoas dizerem que têm fé. Porém, bastam pequenos vendavais, algumas contrariedades e obstáculos no caminho para que mostrem sua rebeldia. Caem na revolta e até blasfemam contra o Criador. Doutras vezes, ouvimos comentários infelizes como: "Fulano não devia estar passando por aquilo.

É uma tremenda injustiça!". Ou ainda: "Ninguém merece tal coisa." O que demonstra nossa total falta de confiança nas leis divinas e falta de fé.

A fé é uma conquista interior, e só conseguimos obtê-la mediante muitos esforços e disciplina. Nessa luta, será sempre oportuna a recomendação do mestre que nos pede "Vigiai e orai para não cairdes em tentação." Estudemos, portanto, o Evangelho de Jesus, extraindo o seu precioso conteúdo de informações.

Meditemos sobre a lógica das sábias informações do seu Evangelho e procuremos, mesmo com sacrifícios, entendê-las, para incorporá-las em nosso cotidiano. Assim, teremos sublimado os nossos sentimentos, para a valorização de cada atitude que tomarmos.

A vida não é nada fácil. Mas, apoiados nos exemplos do Cristo e nas suas judiciosas recomendações, será possível usufruir, mesmo aqui na Terra, um pouco de paz e serenidade que nos assegurarão as condições necessárias às conquistas dos valores reais de que temos necessidade.

Estamos no lugar certo, na hora certa, com as condições certas para realizar o progresso que proporcionará a felicidade que avidamente buscamos. Convictos disso, nenhuma barreira, por mais forte que seja, impedirá a realização dos nossos sonhos de paz.

Busquemos pela fé que remove montanhas, que vence obstáculos, que supera dificuldades. E lancemo-nos, firmemente, ao bom combate, conforme nos ensinou Paulo de Tarso. Assim, destemidos e corajosos lograremos o êxito esperado.

A verdadeira vitória, dentro da vida, só a alcançaremos munidos de muita determinação e perseverança. Fé é sinônimo de crença e certeza de que o Pai Celestial tudo faz para que tenhamos a gama necessária de recursos à disposição, para que cheguemos à perfeição.

IX

Escolha seu tesouro

Porque onde estiver o teu tesouro, aí estará também o teu coração.
Jesus *(Mateus, 6:19-21)*

IMPRESCINDÍVEL É QUE tenhamos plena consciência dos nossos objetivos na presente existência. Ninguém renasce aqui na Terra, em nova oportuna experiência, sem proposta alguma. A meta de todas as criaturas, com mais ou menos maturidade, sempre será o encontro com a paz e a felicidade. Esses objetivos, apesar de não atingidos ainda, estão em via de realização, mediante os esforços que empreendermos.

As sábias leis divinas permitem que tenhamos a liberdade de escolha nas decisões. Cada um de nós é livre para deliberar sobre as ações que deseja realizar, cabendo obviamente o ônus de recolher o reflexo de cada atitude. Daí a importância de bem escolher.

Adverte Jesus: "Onde estiver o nosso tesouro, aí estará também o nosso coração." Testifica, assim, que nossa vida estará atrelada aos nossos desejos, anseios e vocações. Se estes são ajustados aos moldes do equilíbrio, da decência e da dignidade, nada temos a temer. No entanto, agindo na indiferença ou de modo inconsequente, muito provavelmente encontremos problemas e aflições pelo caminho.

Não esqueça que somos compostos por duas naturezas: a física e a espiritual. Temos obrigações inadiáveis e sérias responsabilidades com uma e outra. Mesmo sendo difícil, o importante para o nosso bem-estar e serenidade será encontrar uma linha de equilíbrio entre as duas naturezas.

Frequentemente nós temos necessidade de refletir sobre a forma e a maneira como estamos conduzindo os nossos dias na presente encarnação, tendo em vista extrair o máximo proveito das experiências que a vida nos oferta.

Jesus, num dado momento da sua gloriosa passagem pela Terra, peremptoriamente afirmou: "Eu venci o mundo"[5], demonstrando assim que, mesmo estando de passagem por este planeta, o grande triunfo do homem está em atender as necessidades do espírito, acima das necessidades materiais, já que a verdadeira vida é a espiritual.

E para a vida espiritual somente conseguiremos levar os valores reais e as conquistas indestrutíveis, que se traduzem nos gestos de caridade, fraternidade, paciência, desapego dos bens materiais, amor, compreensão, tolerância, gentileza, educação e outras nobres virtudes.

---

5 João 16:33

Assim, coloquemos o nosso tesouro nas virtudes mencionadas e junto delas estará o nosso coração, recheado de tranquilidade, esperanças e otimismo. Obviamente, Jesus Cristo não espera que vivamos uma vida santificada, pois ainda somos espíritos a caminho da perfeição, mas aguarda pelos nossos esforços de elevação espiritual.

Esse crescimento é condição imprescindível para que logremos encontrar a paz que sonhamos e a felicidade que buscamos avidamente. Para tanto, é indispensável saber escolher os nossos tesouros.

X

Juventude e libertinagem

Se tu queres ser perfeito, vai, vende tudo o que tens e dá-o aos pobres, e terás um tesouro no céu. Então, vem e segue-me.
Jesus *(Mateus, 19:21)*

JESUS DIALOGAVA COM um jovem rico, dono de muitas propriedades. Este interrogou: "Mestre, que devo fazer para conquistar a Vida Eterna?" Ao mesmo tempo em que indagava, justificava-se dizendo ser fiel cumpridor dos mandamentos da lei, o que lhe facultava o direito de conquistar a glória do Senhor.

Compreendendo que a grande dificuldade do jovem era o apego às riquezas, Jesus falou-lhe: "Se queres ser perfeito, vai, vende tudo o que tens e dá-o aos pobres, e terás um tesouro no céu. Então, vem e segue-me" (Mateus 19:21).

Cabisbaixo, o jovem deixou o local, pois seria muito custoso desprender-se de tudo que tinha. Estava pronto para honrar alguns mandamentos, mas ainda não estava pronto para renunciar à fortuna, ao prestígio que desfrutava nos círculos do poder, tampouco sacrificar a sua juventude. Preferiu, então, continuar sua vida sem alterações significativas.

Obviamente, nenhum jovem sacrificará seus verdes anos numa renúncia absoluta a tudo que o cerca. Nem Jesus desejaria isso. Precisará ele viver os tempos da juventude, desfrutar da vida e deixar desabrochar os sentimentos. Mas, em momento algum, por ser jovem, poderá dar-se o descuido de destruir sua vida em comportamentos levianos e irresponsáveis.

Desenvolve-se, em nosso meio social, a cultura de uma juventude libertina, indiferente, e com poucas preocupações para com os reais e necessários valores morais da vida. Diante disso, estamos assistindo a uma avalanche de tragédias de todos os tipos, onde jovens despreparados e, muitas vezes não educados, devido aos descasos familiares, estão se atirando em abismos profundos.

Espíritos endividados do passado, agraciados com nova oportunidade na carne, ao chegar à Terra, palco das lutas e das experiências e onde deveriam colher os louros da vitória, novamente atolam seus ideais e sonhos no lamaçal de atos inconsequentes, para chorar mais tarde novos remorsos e arrependimentos.

Para desfrutar, prazerosamente, esse belo e expressivo momento da vida, que é a juventude, precisa que se tome cautela e discernimento, pois, "tudo me é lícito, mas nem tudo me convém", conforme já ensinou Paulo de Tarso, o apóstolo dos gentios.

O jovem pode fazer uso de bebidas alcoólicas? Aprofundar-se em tóxicos ainda mais pesados e deletérios? Colocar asas em suas motocicletas? Impulsionar o veículo como um bólido? Usar e abusar do sexo? Cultivar a violência e agressividade? Desrespeitar os mais velhos? Perturbar o sossego público? Isso convém?

Na vida, existem situações que podem ser contornadas sem maiores agravantes. Um pequeno ferimento pode ser curado; uma leve batida no carro, isso o funileiro resolve. Um corte de cabelo equivocado pode ser reparado; quando se perde um ano escolar, basta cursar um novo ano letivo.

Acontecimentos existem, porém, que, uma vez consumados, não há como reverter. A gravidez não tem volta. Se recorrer ao aborto, comete crime de graves proporções que exigirá reparações dolorosas. As viciações tóxicas arrebentam o físico e o caráter da criatura. E será sempre difícil sair desse labirinto. O excesso de velocidade mata muitos jovens. E o retorno à carne pode impor provas ainda mais duras.

Tal como ocorreu ao jovem que procurou Jesus para usufruir de uma vida mais digna e promissora, mas não aceitou os conselhos e as orientações do mestre, muitos moços e moças de hoje fazem o mesmo percurso. Ante as lições e os avisos sérios e esclarecedores, preferem seguir pela vida trilhando por vielas sombrias e desastrosas. Vivem raros momentos de prazer e suposta felicidade na idade primaveril, para depois amargar o resto da existência no vale da dor, do sofrimento e das desilusões.

Juventude não é sinônimo de libertinagem, mas sim de muita responsabilidade. Pensemos nisso, enquanto há tempo...

XI

O exemplo de Jesus

"Zaqueu, desce depressa, porque hoje devo ficar em tua casa." Zaqueu desceu, rapidamente, e acolheu-o com alegria.
(Lucas, 19:5)

PASSANDO POR JERICÓ, uma das mais antigas cidades do mundo, situada na Palestina, Jesus poderia hospedar-se em muitas casas. Entretanto, ao avistar Zaqueu, que subira em uma figueira para vê-lo, foi enfático: "Zaqueu! Desce depressa, porque devo ficar em tua casa".

Naturalmente, o mestre conhecia o coração de Zaqueu. Diante da oportunidade de trazer mais uma ovelha para seu aprisco, o divino pastor convocou-o à sublime mudança. Ele não perdia uma só chance de ensinar, de exemplificar o seu amor incondicional por todos os seus irmãos.

Não só entrou na casa física de Zaqueu, para breve repouso, mas principalmente penetrou a casa mental do cobrador de impostos, que, transformado, anunciou de público que daria, aos pobres, metade dos seus bens, acrescentando: "E se prejudiquei alguém em alguma coisa, vou restituí-lo ao quádruplo." (Lucas 19:8)

O que Jesus pretendia com a sua decisão era que Zaqueu direcionasse sua vida para outro rumo: o da dignidade, honestidade e honradez. E não se cansava de dizer que "não são os sãos que necessitam de médico, mas os doentes"[6].

Todos nós voltamos à Terra em sucessivas reencarnações, trazendo na bagagem dos nossos ideais a imensa vontade de crescer rumo à perfeição. A condição inferior, que ainda ostentamos, impede que cheguemos à paz e à felicidade e, consequentemente, remete-nos a uma posição de aflições e sofrimentos.

O crescimento espiritual só será possível se deliberarmos nas mesmas condições de Zaqueu, criando mecanismos interiores para que Jesus também possa se hospedar em nossa casa, isto é, em nosso coração.

Hoje não somos melhores do que foi Zaqueu ontem. Temos uma imensa gama de defeitos que precisam ser reparados e uma quantidade enorme de virtudes a serem adquiridas. Os recursos da Providência Divina estão sempre à disposição, mas, para que permaneçam em nossas vidas, necessitam de campo fértil, em nosso âmago. Isto é, precisamos querer.

Zaqueu subiu em uma árvore para ver Jesus, simbolizando que precisamos elevar-nos para vislumbrar o Cristo. Mas, uma vez requisitado pelo mestre, desceu rapidamente, atendendo alegremente ao seu chamado. E de nossa parte temos urgente necessida-

---

6 Mateus 9:12

de de descer do pedestal do orgulho, da vaidade, do egoísmo, da inveja, da preguiça e outras tantas imperfeições, que nos têm causado grandes prejuízos e feito correr rios de lágrimas.

Diante de tais considerações, imprescindível é que cuidemos muito bem das conquistas espirituais, pois, as conquistas materiais, ainda que sejam importantes dentro dos limites das nossas necessidades humanas, são efêmeras, passageiras e não seguirão definitivamente conosco.

Poderemos observar, fazendo uma análise da nossa vida, o quanto nos preocupamos mais com aquilo que é material, ilusório, fantasioso e descartável, em detrimento dos valores espirituais, aglutinadores de conquistas, que nos farão realmente felizes.

Tomemos Zaqueu como exemplo e busquemos urgentemente por Jesus, não apenas na aparência ou em atos exteriores, mas hospedando-o em nosso coração, para que ele possa modificar, de vez, a nossa vida.

XII

O maior ampara o menor

E, a qualquer que muito for dado, muito se lhe pedirá, e ao que muito se lhe confiou, muito mais se lhe pedirá.
Jesus *(Lucas, 12:48)*

SOMOS TODOS FILHOS do mesmo Pai. E dentro do Universo, onde existem muitas moradas, fazemos parte da mesma família. Portanto, não há lógica ou motivo que justifiquem a disputa entre seres humanos, onde uns querem sempre mais que os outros, a qualquer preço.

No âmbito do amor, da sabedoria e da justiça divina, as oportunidades e os mecanismos de progresso estão à disposição de todos. No entanto, para compreender, com profundidade, como funciona a legislação de Deus, obviamente precisamos entender que a vida existe em todos os quadrantes do Universo e que somos criaturas imortais, que ocupamos corpos materiais em múltiplas existências, na Terra ou fora dela.

Em realidade, nascer e morrer, fisicamente, significa usufruir uma pequena parcela da nossa vida definitiva e imortal. A vida verdadeira é a espiritual. Observando a nossa vida por esse ângulo, é inaceitável que alguém queira ser maior, melhor ou superior ao outro, baseando suas conquistas e realizações sobre a dor e as aflições do próximo, pois é da lei que cada um colha da semente que plantou.

O descuidado que plantar o mal pode preparar o celeiro para a colheita de sofrimentos. Somos livres para deliberar e escolher, mas obrigados a arcar com o ônus decorrente das nossas ações. Será sempre oportuno pensar sobre isso.

Assim, quem sabe mais, tem o dever de auxiliar aquele que sabe menos, ao invés de ludibriá-lo. Quem tem grandes poderes, em qualquer área de ação, pense sempre em se colocar à disposição daqueles que são fracos e indecisos.

Quem tem boa visão no contexto das realizações sociais, procure encontrar meios e dispositivos que possam ajudar os irmãos que caminham confusos e inseguros.

Quem possui o dom da oratória e a habilidade de comunicação, verifique como auxiliar aos tímidos, que, muitas vezes, com medo e receio, perdem as oportunidades da vida por não conseguirem expressar-se com clareza ou simplesmente pronunciar bem as palavras.

Quem tem ouvidos saudáveis, imagine como servir a um amigo que precisa de um tempo para desabafar e falar dos seus dramas e conflitos.

Quem carrega ideais nobres no coração, saia a exemplificar àqueles que, diante das dificuldades cotidianas, apresentam-se vacilantes e temerosos.

Quem é forte fisicamente, procure encontrar uma forma de prestar socorro a uma infinidade de criaturas que estão impossibilitadas de qualquer exercício físico um pouco mais penoso.

Quem usufrui boa saúde, não olvide aqueles que vivem recostados em leitos hospitalares ou carregam moléstias insidiosas, e trabalhe por eles.

Quem já descobriu que as conquistas e o sucesso só chegam para os perseverantes, não vacile. Empreenda esforços para exemplificar, aos que estão na retaguarda, que a coragem, a determinação e o ânimo são incondicionais parceiros das vitórias.

O maior, em qualquer circunstância, deverá sempre amparar e proteger ao menor. Fazer diferente disso, até por uma questão de inteligência e bom-senso, será assinar um atestado de invigilância, descaso e irresponsabilidade, corroborado pelo egoísmo e pelo orgulho. Ademais, essas são as chagas terríveis que tantos problemas já causaram à humanidade. Então, o tempo se encarregará dos dolorosos ajustes.

XIII

A recomendação de Jesus

Amai-vos uns aos outros como eu vos amei.
Jesus *(João, 15:12)*

A RECOMENDAÇÃO DE Jesus não deixa qualquer dúvida. Pede que nos amemos uns aos outros. O mestre divino não estabelece situações ou circunstâncias. Mas apenas o amor incondicional, dirigido a todas as criaturas, sem exceções. Pobres, ricos, fortes, fracos, famosos, anônimos, poderosos, simples, bons, maus... Não importa. Devemos amar a todos, indistintamente.

E diz mais. Que precisamos exemplificar esse amor como ele o fez, de forma profunda, sensível e absoluta, para que dele possa fruir a maior gama possível de sentimentos fraternos e solidários.

Observando uma mãe aflita diante da impossibilidade de atender as necessidades básicas dos filhinhos, o nosso amor precisará ter a dimensão do socorro a ser ministrado no momento, com a proposta de aliviar-lhe os padecimentos.

Ante o idoso desprovido de um lar, que o nosso amor seja capaz de acolhê-lo, movimentando recursos e mecanismos que lhe garanta acomodação adequada, para que termine seus dias sobre a Terra em ambiente digno, cercado de afeto e carinho.

Ante o jovem que segue à mercê da própria sorte, sem perspectivas sadias para o futuro, que o nosso amor saiba identificar meios e possibilidades de socorrê-lo, garantindo-lhe direção segura rumo aos dias do porvir.

Ante a criança que não conta com o carinho e a atenção devida dos pais, que o nosso amor saiba improvisar, quanto possível, as condições necessárias para que essa infância solitária seja amparada, objetivando a formação de homens de bem.

Ante o chefe de família desempregado e à beira do desespero, que o nosso amor possa incumbir-se de ajudá-lo a encontrar ocupações que deem sustentação às carências no próprio lar, perante a família.

Ante o casal em clima de guerra, com visíveis ameaças aos filhos que crescem entre chispas de ódio e animosidade, desunião e violência, que o nosso amor saiba construir a paz, mobilizando recursos vários para conter a chama dos desentendimentos e dos conflitos, a fim de que a estabilidade emocional e o equilíbrio sustentem a concórdia no núcleo familiar.

Ante a criatura mergulhada no lamaçal das viciações tóxicas, seja no tabagismo ou no alcoolismo, que o nosso amor seja o porto que reconduz à lucidez, pela ação desprendida e solidária, oferecendo soluções rápidas que levantem a dignidade e a autoestima daqueles que se chafurdaram na indiferença e no descaso.

Ante o egoísmo e o orgulho, essas terríveis chagas

da humanidade a dominar homens e mulheres, criando uma ambiência social de guerra econômica e financeira, dentro da lei do mais forte, seja o nosso amor o arauto da fraternidade, do altruísmo e da benevolência, incentivando-os, paulatinamente, a conhecerem a caridade.

Ante a doença pertinaz, torturando corações amigos, acolhidos em leitos hospitalares, seja o nosso amor o ombro de consolo e o portador de mensagens de esperança, anunciando o Deus de eterna bondade e sempre misericordioso, a laborar continuadamente para que o alívio chegue o mais rápido possível.

"Amai-vos uns aos outros", esta máxima de Jesus convoca-nos à reflexão profunda sobre o nosso comportamento diante da vida. Em realidade, não basta viver; é preciso ter a responsabilidade de saber como viver, para que encontremos a paz que queremos e a tão almejada felicidade, porque, somente logrará êxito e sucesso na existência, aqui na Terra, aquele que conseguir amar conforme recomendou Jesus Cristo.

XIV

Os benefícios do perdão

Então Pedro se aproximou dele e disse: "Senhor, quantas vezes devo perdoar a meu irmão, quando ele pecar contra mim? Até sete vezes?" Respondeu-lhe Jesus: "Não te digo até sete vezes, mas até setenta vezes sete".
Jesus *(Mateus, 18:21 a 35)*

O PERDÃO, VIRTUDE exercitada com pouca frequência, tanto beneficia quem perdoa quanto aquele que é perdoado. Jesus Cristo, utilizando-se de sua imensa sabedoria, ensinou aos homens, pelo perdão, o verdadeiro caminho para a paz e a harmonia.

Aplicado no ambiente doméstico, o perdão fortalece e estreita os laços de afetividade entre os membros da família. Cultivado no meio social, dá origem a uma ambiência de compreensão e tolerância junto aos integrantes da comunidade. Vivenciado no âmago das nações e dos povos, evita o surgimento das guerras cruentas e nefastas, que tanto mal há proporcionado aos seres humanos.

A criatura que já consegue exercitá-lo, no cotidiano, dá evidentes demonstrações de que está superando o orgulho e o egoísmo, essas chagas que têm feito correr rios de lágrimas e nascer montanhas de dor em tantos corações.

Quando, ao receber uma ofensa, guardamos mágoas ou ressentimentos, represamos na intimidade do coração poças de ácido e veneno que acabam por nos prejudicar imensamente, vinculando-nos às zonas inferiores da vida. Já, quando conseguimos perdoar, sublimamos os nossos sentimentos e atraímos os recursos indispensáveis à saúde, ligando-nos às forças superiores da existência.

Sabendo que a vida devolve a cada pessoa o que à vida é oferecido, até por uma questão de inteligência, será sempre melhor perdoar. Quem ousaria afirmar que nunca precisou do perdão de alguém? Como não perdoar se temos constantemente necessidade do perdão alheio?

A palavra divina, simbolicamente utilizada no texto que diz "ser necessário perdoar setenta vezes sete", na verdade nos ensina que o exercício dessa virtude é ilimitado. Que deve ser praticado quantas vezes forem necessárias. Quanto mais perdoamos os erros alheios, mais nos aproximamos da claridade oferecida por Jesus e mais nos distanciamos dos ambientes trevosos que nos prendem aos círculos rasteiros da inferioridade moral.

Perdoar é divino e significa entender que não somos melhores do que ninguém. Quem já aprendeu a perdoar, carrega consigo o semblante descontraído e alegre e no peito ostenta um coração leve e despreocupado. Já quem retém rancor e ódio, mostra, em geral, um rosto fechado e sisudo e um coração amargo e infeliz.

Obviamente, temos liberdade para escolher quais caminhos seguir, mas, uma vez escolhidos, por certo colheremos os reflexos decorrentes das deliberações tomadas.

XV

Onde está a felicidade?

Não digo isto como por necessidade, porque já aprendi a contentar-me com o que tenho.
Paulo *(Filipenses, 4:11)*

QUALQUER CRIATURA VIVENCIANDO plena lucidez e total controle de raciocínio, por certo caminhará com avidez à procura da felicidade. Terá consciência também, pelo estágio evolutivo em que vive, que no atual momento poderá apenas obter felicidade relativa ou situações felizes, mas nunca a felicidade absoluta.

E essa felicidade relativa tem a dimensão e o peso dos nossos sonhos. Uns a encontram na aquisição do carro de última geração; outros deparam com ela simplesmente ao possuir um automóvel. Existem os que a procuram na casa moderna e confortável, enquanto para outros bastaria apenas um teto para abrigar-se.

Para o faminto, a felicidade é poder encontrar um prato de comida capaz de aplacar-lhe a fome. Para o desempregado, a felicidade poderá chegar com a obtenção de um posto de trabalho que lhe garanta o sustento e a dignidade. Para o doente, encontrar novamente a saúde será, obviamente, um momento de felicidade.

Paulo de Tarso, em expressiva carta aos Filipenses, asseverou que aprendeu a contentar-se com o que possuía de seu, numa inequívoca demonstração de compreensão e resignação diante da vida, não se perturbando e nem estragando o dia por pequenas contrariedades, tão próprias em nosso cotidiano.

Em realidade, quem não pode ter o que deseja possuir, que aprenda a querer e contentar-se com o que pode possuir. Em numerosas situações, não conseguimos obter o objeto dos nossos desejos ou a concretização dos sonhos que acalentamos.

Assim, imperioso se torna que saibamos ser contentes com aquilo que é possível. Certamente, nessa postura de equilíbrio e tirocínio, nos depararemos com a felicidade possível.

Certa feita, uma senhora de boa posição econômica e social, passando pela rua, notou um senhor, idoso, malvestido e com semblante cansado, puxando um carrinho de tamanho razoável, repleto de material reciclável. Condoída, imaginou o sofrimento e a luta daquele homem, tendo que fazer o trabalho de um animal irracional, ao puxar o carrinho. Aproximando-se dele, exclamou:

— O senhor deve sofrer muito, afligir-se demais, pois tem que se humilhar e fazer o trabalho de um animal, ao transportar essa carga.

— Não, minha senhora. Eu sou feliz, pois, mesmo com a minha idade, ainda tenho forças e disposição para arrastar esse carrinho cheio de material reciclável, que venderei logo adiante. E com os recursos obtidos, manterei meu próprio sustento e também dos netinhos sob meus cuidados.

A senhora ficou extasiada com a resposta. E ainda ouviu o homem dizer:

— Dou-me por feliz, porque ainda passeio pelas ruas e vejo gente e a movimentação de carros. Vez por outra, tenho o prazer de encontrar pessoas gentis que se preocupam comigo, como se deu hoje, ao conhecer a senhora.

Para o catador de recicláveis, a felicidade estava em poder realizar o seu trabalho. Na verdade, a felicidade que podemos obter, por agora, não se trata de uma conquista externa, mas sim de uma postura interior. Muitas criaturas infelizes estão guerreando sozinhas enquanto outras felizes estão bem, mesmo em meio à guerra que explode ao seu redor.

Quando aprendermos a nos contentar com o que temos, estaremos de posse da felicidade que se pode ter aqui na Terra, pois já ouvimos dizer, de fonte superior, que "a verdadeira felicidade não é deste mundo".

XVI

Não enterre o seu talento

"Senhor, eu sei que és um homem de rija condição; segas onde não semeaste, e recolhe onde não espalhastes; e temente que fui, escondi o teu talento na terra; eis aqui o que é teu." E o dono da vinha então lhe falou: "Servo mau e preguiçoso... Lançai-o nas trevas exteriores; ali haverá choro e ranger de dentes."
Jesus *(Mateus, 25:26-30).*

NA PARÁBOLA DOS Talentos, Jesus deixa bem claro que a omissão e o descaso não serviram de desculpa para o servo preguiçoso, que não ousou utilizar o talento que lhe fora confiado. Preferindo cruzar os braços ante a oportunidade de trabalho recebida, perdeu a grande chance de exercitar suas potencialidades a caminho da prosperidade.

Quantas criaturas no meio social em que vivem, cotidianamente, representam o servo mau e preguiçoso da parábola em referência! Esqueceram elas, num canto qualquer da existência, o talento da oportunidade que a Providência Divina lhes concedeu para progredir espiritualmente, rumo à perfeição.

O tempo, como um bólido, toma de surpresa o

mordomo preguiçoso, conduzindo-o ao juízo de sua consciência, que, culpada pela omissão, chorará o remorso e o arrependimento da acomodação.

E são tantos os talentos que estão à nossa disposição, em todo o tempo, que em momento algum temos o direito de apresentar reclamações. Antes, temos sim o dever de saber utilizá-los para extrair-lhes os benefícios que podem produzir.

Com o talento da paciência poderemos aprender a conviver com as pessoas e situações adversas, ensaiando a capacidade de renunciar e de compreender, virtudes que nos remetem à serenidade.

Com o talento do trabalho, conseguiremos realizar as maiores proezas, impulsionando o progresso físico e moral, na construção do mundo de paz e esperanças que desejamos.

Com o talento da perseverança, teremos a chance de continuar em busca da realização dos nossos sonhos e metas traçadas, abandonando a inferioridade em que nos encontramos, a fim de sublimar os nossos sentimentos.

Com o talento da coragem, avançaremos destemidos pelos longos e, às vezes, pedregosos caminhos da vida, superando obstáculos, vencendo barreiras e chegando ao porto dos nossos destinos.

Com o talento do companheirismo, poderemos ser elemento de concórdia no reduto familiar ou no meio social em que mourejamos, pacificando e unindo corações e reatando rompidos laços afetivos.

Com o talento do otimismo, aos que nos observam,

demonstraremos comportamento de equilíbrio, ânimo e firmeza ante qualquer situação que a vida nos apresente, criando ambiência adequada para as vitórias que nos aguardam.

Com o talento da fé, teremos a absoluta e insofismável certeza de que Deus, nosso Pai de eterna bondade, tudo está fazendo para que tenhamos à disposição todos os mecanismos possíveis e capazes que nos assegurarão a paz que queremos.

Com o talento do amor, conseguiremos ser, onde estamos e por onde passarmos, um digno representante da mensagem divina, servindo incansavelmente como elo entre as criaturas e Deus.

Portanto, não vale esconder o talento. Imprescindível e urgente será laborar para multiplicá-lo, agindo de forma inversa ao que fez o servo mau e preguiçoso da parábola, que desagradou profundamente o seu senhor.

XVII

Onde está o teu tesouro?

Porque, onde está o teu tesouro,
aí estará também o teu coração.
Jesus *(Mateus, 6:21)*

SENDO DEUS A soberana justiça e amor, sem dúvida não criou, dentro do código divino, nenhum instrumento ou mecanismo capaz de prejudicar ou ferir qualquer uma das Suas criaturas.

Toda a estrutura do Universo conspira em nosso favor. Sendo fiéis às leis universais e obedientes aos seus conteúdos, todos nós poderemos usufruir dos benefícios que delas emanam.

A dor e o sofrimento que campeiam ao nosso lado têm origem na indisciplina que mantemos ao não observar e seguir os preceitos divinos. Buscamos por Deus, desejosos de viver uma vida baseada em Seus ditames, mas ainda não resistimos aos chamamentos inferiores que a existência nos oferece.

Colocamos o nosso tesouro nas conquistas imediatistas e passageiras e vemos o nosso coração sofrer amargamente as decepções ao perceber que elas desaparecem como bolas de sabão arrastadas pelo vento.

Almejamos a paz e a felicidade. No entanto, sentimos imensas dificuldades em obtê-las, uma vez que nossos atos e ações seguem geralmente por direções opostas àquelas que nos trariam tais conquistas.

Sabendo que a vida nos devolve aquilo que a ela damos, por que nós ainda insistimos em magoar pessoas?

Por que ainda não conseguimos deixar os vícios, que tanto mal têm acarretado às nossas vidas?

Por que temos prazer em seguir pelos nossos dias, na presente existência, sem tantas preocupações com o que é belo, é sublime e nobre?

Por que ainda levamos uma vida metódica e acomodada sem a preocupação de fazer algo de extraordinário, diferente e interessante?

Por que falamos tanto em Deus e nas Suas sábias lições sem a coragem de modificar nossos hábitos infelizes, para seguir os ditames divinos, que nos proporcionariam uma infinidade de benesses?

Por que planejamos uma senda de luz para os nossos dias e agimos com tamanha irresponsabilidade, que somente encontramos trevas pelo caminho?

Por certo, enquanto mourejarmos por aqui, na inércia e indiferença, sem dúvida nós trilharemos estradas sem muitas aspirações, o que nos proporciona dias infelizes, inseguros e amargos.

Todos nós renascemos aqui na Terra, no contexto de um processo reencarnatório, trazendo na bagagem um monte de propostas e esperanças de progresso e prosperidade. Agora que aqui estamos não podemos esquecer tais aspirações, senão perderemos essa grande e valiosa oportunidade de crescimento espiritual.

Vejamos, então, onde estamos colocando o nosso tesouro, pois aí também estará o nosso coração. Essa deliberação é exclusivamente nossa. Tomemos muito cuidado para que o arrependimento não nos venha ferir no futuro.

Nunca na humanidade tivemos tantos esclarecimentos e orientações de como devemos viver, para que possamos extrair da vida o seu lado bom, o seu lado de luz. Obviamente, tudo dependerá de nós.

Diante da perfeição e soberana justiça de Deus, jamais poderemos atribuir ao Pai Celestial as nossas desventuras. Estas são o fruto das nossas sementeiras. Assim, se algo não vai bem conosco, a culpa, certamente, é só nossa.

XVIII

Bem-aventurados os pobres de espírito

Bem-aventurados os pobres de espírito,
porque deles é o Reino dos Céus.
Jesus *(Mateus, 5:3)*

JESUS CHAMA DE pobres de espírito aqueles que carregam consigo a humildade, virtude um tanto difícil de obter, uma vez que só é conseguida mediante cansativos esforços, na luta ferrenha e determinada contra o orgulho. Este, por sua vez, é terrível chaga, que nos compromete e tem provocado incontáveis prejuízos à humanidade.

A criatura orgulhosa acredita que o mundo deva curvar-se aos seus pés, julgando-se a mais importante de todas e que nenhum dos seus desejos ou anseios podem deixar de ser atendidos. Sofre amargamente quando vê frustradas as suas vontades.

O orgulhoso carrega um incêndio no coração, pois estrutura a sua vida num pedestal ilusório de fantasias, pensando enganosamente ser muito maior do que realmente é. Não se contenta com pouco. Está sempre buscando possuir e ter mais, sempre mais, sendo insaciável em suas necessidades.

Mantendo uma visão turva e equivocada sobre a

realidade do cotidiano, onde se coloca como o centro das atenções, o orgulhoso alimenta valores absurdos que o conduzem, com frequência, a deliberações infelizes, que são nascedouros dos seus próprios infortúnios e também do sofrimento dos que estão sob a sua danosa influência. Enganosamente, cultiva a certeza de que sabe muito e é superior aos outros.

Esse sentimento vil e destruidor tem sido o responsável por tantas tragédias humanas, vitimando pessoas, famílias, coletividades e nações. Faz correr rios de sangue e de lágrimas, edificando montanhas de dor e de sofrimentos, sob as quais milhões de pessoas têm sucumbido.

Já o homem humilde, este é detentor de valorosa virtude. Despido do peso desnecessário da arrogância, do preconceito, da vaidade e da presunção, vive desarmado e com a liberdade de quem consegue passar pela vida como o mais rico de todos, pois administra a sua existência visando sobreviver com um mínimo de necessidades.

Reconhecendo o seu real valor no contexto da humanidade, vive com simplicidade, não medindo esforços e dedicação na superação dos seus limites. Contenta-se com o que tem, e suas conquistas são feitas de forma a não prejudicar criatura alguma.

A resignação, a fraternidade, o altruísmo e o firme desejo de sempre fazer o bem são atributos encontrados na intimidade dos humildes, que são cativantes, pacíficos e amáveis.

O humilde elege sempre um clima de solidariedade para viver, onde prioriza ações e comportamentos, buscando a valorização do bem-estar da criatura humana.

Sente imensa satisfação ao identificar a alegria do próximo e trabalha diuturnamente para que o seu irmão do caminho encontre a plenitude de suas realizações e anseios.

Tendo constantemente a preocupação de servir e amar por ande passa, consegue compreender aqueles que ainda estão seguindo a contramão daquilo que é realmente belo, nobre e sublime.

Confiando plenamente no Criador, carrega a convicção absoluta de que tudo caminha sob os olhares atentos e responsáveis de Jesus e se dedica ao máximo, visando contribuir com a definitiva implantação do reino de Deus aqui na Terra.

Enquanto o orgulhoso se fecha, egoisticamente, em si mesmo, defendendo seus conceitos absurdos e carregando o peso da armadura da insensibilidade, o humilde se expande livremente, volitando nas asas da alegria em servir ao próximo, de viver com poucas necessidades, de ser um instrumento de paz entre os homens e de ajudar a construir um mundo mais humano, fraterno e solidário.

"Bem-aventurados os pobres de espírito", exclamou Jesus. Bem-aventurados os humildes, os simples, os desarmados, os fraternos, os solidários... Bem-aventurados os que conseguem colocar o sorriso no rosto alheio.

XIX

A vida devolve

O meu Deus, segundo as Suas riquezas, suprirá todas as vossas necessidades em glória, por Cristo Jesus.
Paulo *(Filipenses, 4:19)*

UM PEDREIRO, DEPOIS de trabalhar longos anos numa construtora, obteve o direito legal à aposentadoria. Assim que a requereu junto ao órgão devido, comunicou o fato ao seu patrão, com quem sempre manteve cordial relacionamento.

Como último pedido, antes que a documentação fosse concluída, o patrão solicitou ao competente funcionário que construísse mais uma casa. Seria o seu último serviço na empresa, para que pudesse permanecer como uma recordação pelo tempo de convivência de ambos em tão longa jornada de trabalho e amizade.

O pedreiro sabia que a documentação definindo a aposentadoria chegaria bem antes do término da obra solicitada, mas preferiu atender ao apelo. Seriam anos de trabalho, porém, algum tempo mais pouco mudaria. Logo estaria gozando o seu merecido descanso.

Sem titubear, com a liberdade dada pelo patrão para escolher o projeto e como fazer a obra, lançou-

-se ao trabalho desejando fazer a casa melhor e mais bonita possível. Uma vez que tinha feito sempre o máximo que podia em favor da empresa, não seria agora, no final da sua jornada, que agiria de outra forma.

Empenhou-se na escolha do material, na aplicação dele, executou o projeto com a melhor técnica possível e entregou à empresa uma verdadeira obra-prima da construção civil.

O patrão e os demais empregados compareceram diante da bela casa construída. Satisfeito com o que via, chamou o pedreiro, exaltando suas qualidades, sua dedicação e seu caráter, pois, já aposentado, concluíra, com o mesmo denodo e competência de sempre, a obra em pauta.

Nesse momento, apanhando as chaves da edificação, entregou-as ao pedreiro, que, tomado de imensa surpresa, ficou sabendo que a casa que fizera com tamanho zelo e responsabilidade, na verdade, fora o presente como recompensa por tudo que havia feito para a empresa que servira durante quase toda a sua vida.

Em verdade, as leis de Deus são de amor e de justiça, jamais de castigo ou punições. A vida nos devolve o que a ela damos. O Código Divino é perfeito. E nele temos todas as condições de fazer o melhor que estiver dentro do nosso alcance e possibilidade.

Os resultados negativos ou positivos que colhemos no desenrolar da nossa jornada decorrem da forma e maneira que conduzimos nossas ações. Cada qual constrói o seu patrimônio de aquisições íntimas, fazendo uso do livre-arbítrio. Assim ninguém é culpado pelas nossas dores. Da mesma forma, temos o mérito das boas conquistas.

Deus coloca nas mãos das criaturas todos os recursos possíveis para que realizem a melhor obra que consigam. Fazê-la bem ou de forma descuidada é atribuição exclusiva da cada uma. O resultado será a nossa colheita.

As alegrias ou as tristezas que vamos encontrando pelo caminho nascem sempre como reflexos diretos da vida que levamos. As leis divinas jamais nos conduzirão ao sofrimento; antes, os sofrimentos surgem por não atendermos as sábias e justas leis do Criador.

Não olvidemos. A vida nos devolve o que nós lhe damos. Reflitamos.

XX

Natureza espiritual

Tenho-vos dito isto para que em mim
tenhais paz; no mundo tereis aflições,
mas tende bom ânimo, eu venci o mundo.
Jesus *(João, 16:33)*

PELO CORPO PERTENCEMOS à natureza física. Pelo espírito, estamos vinculados à natureza espiritual, pois, em realidade, somos espíritos temporariamente ocupando corpos neste mundo. A vida material é passageira, enquanto a espiritual é eterna.

Para que possamos viver bem aqui na Terra, usufruindo valiosas oportunidades de progresso e engrandecimento moral, temos necessidade de desenvolver nossas ações, comportamentos e atitudes no âmbito de um patamar de equilíbrio. Corpo saudável e espírito ajustado.

Um exímio violonista, por mais experiente e capacitado, não conseguirá tirar boa música de um violão desafinado. Um violão de qualidade inquestionável não poderá produzir música sublime se o violonista não possuir o talento devido. A música admirável nascerá do equilíbrio do violonista com o instrumento.

Assim somos todos nós. Equivoca-se, portanto,

profundamente, quem não consegue dar a devida atenção às duas naturezas. A natureza física depende da alimentação material: arroz, feijão, legumes, frutas, etc. A espiritual, esta se nutre pelo trabalho do bem que fazemos, pelas preces, estudos evangélicos, meditação e amor ao próximo e outros.

Jesus, em sua imensa sabedoria, disse: "Eu venci o mundo" (João 16:33), e, por ainda não entendermos e nem ter a devida coragem para buscar aquilo que é nobre e belo, vivemos desesperados para "vencer no mundo".

Quantos são aqueles que realmente vencem aqui na Terra, mas que perdem desastradamente na vida espiritual? São reverenciados, em numerosas oportunidades, no mundo físico, pelos feitos realizados, sob o aplauso dos homens, mas saem derrotados espiritualmente, carregando consigo rios de lágrimas e abismos de dores, transportando no coração a represa estagnada do remorso e do arrependimento.

Pouco afeitos às conquistas dos valores reais, ainda seguimos a vida cuidando muito mais do que é passageiro, fugaz e efêmero, e que frequentemente nos causam aborrecimentos e prejuízos, enquanto menosprezamos as posses de virtudes e dignidades espirituais, verdadeiros nascedouros de paz e serenidade.

Vemos atualmente muitos corpos esbeltos, anatomicamente bem formados, arrancando admiração. No entanto, dominados por espíritos infelizes e irresponsáveis, despejam comportamentos perniciosos, infelizes e indignos no meio social em que vivem. "Vencem no mundo" sem jamais "vencerem o mundo". Brilham ilusoriamente por um período para permanecerem, posteriormente, por longo tempo nas sombras trevosas da dor.

Obviamente, ninguém está impedido de viver confortavelmente por aqui, desfrutando os benefícios que a posse material proporciona. Mas em momento algum podemos olvidar a aquisição dos valores espirituais. A mesma força e interesse dedicados à vida material devem ser dedicados à natureza espiritual. Caso contrário, preparemo-nos para futura colheita de decepções.

Alimentemos a natureza física com os nutrientes devidos que estão ao nosso dispor, mas fortaleçamos também a espiritual com o amor ao próximo, o serviço no bem e a vivência da fraternidade.

Reflitamos, enquanto há tempo, pois a vida na Terra passa como um bólido, e, permanecendo desatentos, concluiremos nossos dias por aqui sem qualquer progresso espiritual, o que certamente muito nos entristecerá quando a nossa consciência despertar.

XXI

Jamais estamos sozinhos

...procurai fazer cada vez mais firme a vossa vocação e eleição; porque, fazendo isto, nunca jamais tropeçareis.
(2 Pedro, 1:10)

UM DIA, NO mundo espiritual, tomando consciência do nosso passado de equívocos e ilusões e cientes de que a evolução é tarefa exclusivamente nossa, solicitamos, recorrendo ao apoio de espíritos benfeitores, a oportunidade de nova reencarnação aqui na Terra.

Com plenas convicções da imortalidade, planejamos, com o valioso auxílio desses experientes amigos do Além, viver novamente neste palco de intensas lutas, buscando a reparação dos erros até então cometidos e procurando por outras oportunidades de amadurecimento íntimo.

Atendidos pela misericórdia divina, aqui estamos ante esta imensidão de possibilidades de crescimento espiritual. E se soubermos aproveitar tais oportunidades, teremos logrado êxito.

No entanto, jamais podemos olvidar que vivemos num mundo de expiações e provas onde o mal ainda predomina. Viver aqui não é nada fácil, mas Deus não daria um fardo que não pudéssemos carregar. Assim, não se justifica qualquer reclamação, inconformismo ou acomodação.

O que nos resta fazer é persistir, com todo o empenho, no cumprimento da tarefa estabelecida. E, vez por outra, será interessante refletir, observando se realmente estamos aproveitando as chances recebidas nesta existência física.

É claro que para sair da animalidade que ainda nos domina, visando alcançar o estado de espíritos puros, serão necessárias imensas lutas e enormes doses de esforço pessoal. Mas, em todos os momentos, poderemos contar com a assistência e a proteção de Deus, pois, jamais estamos sozinhos.

Sendo a Terra uma grande escola, é natural que traga sempre consigo as lições de cada dia, ensejando ampliar o leque dos nossos conhecimentos e maturidade. Ademais, foi isso que pedimos aos amigos espirituais quando decidimos viver neste torrão outra vez.

Naturalmente, cada um de nós está usufruindo experiências individuais, de acordo com as necessidades e carências que apresenta, de forma a neutralizar os defeitos que ainda carrega e assim desenvolver virtudes que ainda não tem. E esse indispensável trabalho não é nada fácil, pois, se fosse, já o teríamos realizado há muito tempo.

Portanto, entre a nossa condição de espíritos ainda inferiores e a verdadeira posição de superioridade moral, existe uma distância razoável, que deverá ser vencida a golpes de intensos esforços, perseverança e dedicação, pois, para isso não nos faltarão os recursos decorrentes da Providência Divina.

Se um dia, na Espiritualidade, aos benfeitores amigos solicitamos ajuda para o retorno à vida física e tendo eles concordado com a nossa rogativa, por certo jamais nos legariam ao abandono ou à própria sorte. Seguem esses benfeitores diuturnamente ao nosso lado.

Assim, por maiores que sejam as nossas lutas, por mais intensas sejam as dificuldades, pensemos sempre na meta a ser atingida, na proposta que fizemos antes de chegar aqui, e não desanimemos nunca, para que não percamos a valiosa oportunidade que nos foi concedida pelo amor de Deus.

O aluno consciente e responsável sabe que, diariamente, ao chegar à escola, o professor lhe apresentará novos desafios, falará de assuntos e questões novas, isso visando o seu indispensável aprendizado. Escola alguma receberá alunos para brincadeiras e entretenimentos, mas sim para estudo sério e esclarecedor.

A vida na Terra não é diferente de uma escola...

XXII

Sermão do Monte

Bem-aventurados os que choram, porque serão consolados. Bem-aventurados os que têm fome e sede de justiça, porque serão fartos. Bem-aventurados os que padecem perseguição, por amor da justiça, porque deles é o reino dos céus.

Jesus *(Mateus, 5:5-6-10)*

QUANDO JESUS CRISTO entregou o Sermão da Montanha à humanidade, apresentou as mais belas e profundas lições de consolo e orientação já vistas. Naquele sublime momento, o divino amigo se reportou à verdadeira justiça contida no código ditado por Deus.

Falou da lei de causa e efeito e de ação e reação. Explicou numa síntese perfeita que toda causa gera um efeito e que esse efeito terá a natureza idêntica à da ação desencadeada. Uma boa causa produzirá um bom efeito, enquanto uma causa infeliz e mal desencadeada gerará um efeito da mesma ordem. Assim, também, a lei de ação e reação.

Bem-aventurado aquele que chora porque receberá consolo. O choro verificado é o efeito doloroso de uma causa infeliz que a criatura desencadeou no passado. E o consolo surge com a mão generosa e amiga da Providência Divina, possibilitando-lhe reparar o erro, com ajuda e amparo. Em vez da condenação definitiva ao sofrimento, tem a informação de que poderá sair da dor para uma vida de serenidade e paz, mediante seu próprio esforço.

No profundo e abrangente Sermão, Jesus deixa bem claro que somos criaturas imortais, sendo perecível apenas o corpo, que vestimos por certo período enquanto encarnados na Terra. Esse corpo morre, mas a nossa verdadeira vida é a espiritual. Fomos criados simples e ignorantes e caminhamos para a perfeição.

Assim, "bem-aventurados os que têm sede e fome de justiça, porque serão fartos" significa entender que, em dias do passado, vivemos de forma adversa do que era justo e correto, o que acarretou os dissabores observados no presente. Mas que, sendo filhos de Deus, que é justo e bom, temos novas oportunidades para a redenção.

Então, nem prêmios imerecidos, nem castigos eternos ou condenações definitivas a partir de alguns equívocos cometidos pela nossa infantilidade ou mesmo displicência; mas, sempre oportunidades de redenção e aprimoramento. Somente assim conseguimos entender um Pai Celestial revestido de imenso amor, justiça e bondade, agindo constantemente em favor das Suas criaturas.

O sofrimento e a dor surgem das atitudes infelizes e desequilibradas que espalhamos ao nosso redor, da mesma forma que a paz e a serenidade decorrem dos atos perpetrados de conformidade com as sublimes lições do Cristo.

"A semeadura é livre, enquanto a colheita é obrigatória", asseverou Paulo. Obviamente cada um tem a liberdade de sair para semear, apenas não podendo esquecer que a semente plantada produzirá a árvore que lhe é própria.

Assim, o Sermão da Montanha esclarece de forma nítida que cada um receberá de acordo com as suas obras. Que somos herdeiros de nós mesmos e o patrimônio espiritual que carregamos é aquele que construímos ao longo do tempo, fazendo uso da nossa liberdade e iniciativa. Que ninguém será premiado sem méritos e nem experimentará dores que não plantou.

Assinalou o mestre que serão bem-aventurados aqueles que conseguirem compreender a essência e a lógica das Leis Divinas, mesmo que no momento as coisas não estejam tão bem quanto desejariam, pois terão plena consciência de que cada um terá o que merece e precisa.

XXIII

A importância da prece

Mas quando vos puserdes em oração, se tendes alguma coisa contra alguém, perdoa-lhe, para que também vosso Pai, que está nos céus, vos perdoe os vossos pecados. Porque, se vós não perdoardes, também vosso Pai, que está nos céus, vos não há de perdoar vossos pecados.
(Marcos, 11:25-26)

POR MEIO DA prece colocamo-nos em sintonia com as forças superiores da vida. A oração permite um contato direto com a Providência Divina, momento em que podemos agradecer pelas dádivas recebidas, pedir mais ajuda e apoio dos benfeitores espirituais ou exaltar a grandeza e a benemerência de Deus para conosco.

Importante que tenhamos o salutar hábito de orar. Para tanto, não será preciso pedir que façam preces por nós, uma vez que temos plenas condições de fazê-las, com a vantagem de poder expressar nossos sentimentos mais íntimos e informar ao Pai Celestial as nossas reais necessidades.

Também, a prece deve ser ato espontâneo do nosso coração, não devendo, obrigatoriamente, atender a fórmulas determinadas, horários específicos, locais fixos, palavras decoradas. A prece deve ser sincera, objetiva e revestida de sentimentos.

Ao falar com Deus, estamos na condição de filhos que anseiam pela assistência e proteção de um Pai amoroso e bom, que está pronto a nos ouvir a qualquer momento, do nosso jeito e em qualquer lugar. Obviamente, sendo possível, melhor fazê-la num clima de recolhimento íntimo, no silêncio do nosso coração, para com mais serenidade manifestar nossos pensamentos. Mas em hipótese alguma estamos impedidos de orar em outras condições.

Uma vez em contato com a Providência Divina, pelo concurso da prece, é natural que, ao expor nossas necessidades e carências, sejamos atendidos de conformidade com os nossos méritos, pois, "a cada um segundo as suas obras"[7].

Assim, não temos condições morais de pedir que nos perdoe as próprias falhas sem antes perdoar àqueles que falharam conosco. Na mesma intensidade que perdoamos aos que nos ofenderam ou prejudicaram, Deus, que é extremamente justo, perdoará também os nossos equívocos.

Recolheremos excelentes resultados começando o nosso dia com uma oração. Nela podemos agradecer a noite que tivemos e pedir proteção divina para o dia que nasce, quando, por certo, encontraremos muitos desafios. E, à noite, apresentando a nossa gratidão

7 Mateus 16: 27

pelo dia vivido e solicitando amparo para o nosso sono e revigoramento das forças.

Devemos orar, também, na iminência de um perigo, em momentos de grandes decisões, por um irmão doente, em favor de criaturas que passam por necessidades e sofrimentos, pelos que vivem à margem do caminho, por aqueles que seguem pela vida causando danos à sociedade, pelo fim das guerras e pela paz entre os homens. Enfim, uma prece, seja ela com este ou aquele propósito, será sempre um recado de esperança na direção da paz que a humanidade busca.

"Pedi e dar-se-vos-á; buscai, e achareis; batei, e abrir-se-vos-á[8]", asseverou Jesus. Analisando essa frase do mestre, não resta qualquer dúvida de que precisamos dizer à Providência Divina o que queremos. E o Criador, diante do nosso merecimento, atenderá o que for de direito e necessário para o nosso adiantamento espiritual.

Sendo valioso recurso à nossa disposição, criemos o hábito da prece.

8 Mateus 7:7

XXIV

Mediunidade

Curai os enfermos, ressuscitai os mortos, limpai os leprosos, expeli os demônios; dai de graça o que de graça recebestes.
Jesus *(Mateus, 10:8)*

O QUE DE graça recebemos da Providência Divina é a mediunidade. E é a essa faculdade que Jesus se referiu quando informou nossa obrigação de dar de graça o que de graça recebemos.

A mediunidade é inerente ao ser humano. Com maior ou menor intensidade, todos nós a possuímos. Trata-se da possibilidade que temos de entrar em contato com o mundo espiritual, mais propriamente com os espíritos, essa "multidão de testemunhas que nos cerca", como bem sentenciou Paulo de Tarso.

Uma vez que a morte definitivamente não existe — o que morre é somente o corpo, pois continuamos a viver em outra dimensão, a espiritual —, é muito natural que, entre os que estão vivendo num corpo físico e aqueles que estão fora dele, haja o desejo e o interesse em manter contatos, pois permanece o vínculo entre aqueles que se amam.

A morte física não é capaz de matar o amor e a

sintonia que mantêm ligados os que se buscam pelos laços da afetividade. Assim, pela mediunidade, os "vivos" da Terra se comunicam com os "vivos" do mundo espiritual, e nisso vemos a grandeza, o esclarecimento e o consolo que as leis divinas proporcionam aos homens.

Portanto, ao fazer uso da mediunidade, nas suas mais variadas formas, conforme se lê em *O Livro dos Médiuns*[9], nós dispomos de imensas possibilidades de ajudar aqueles que caminham conosco pelas longas e muitas vezes pedregosas estradas da vida. Isso, obviamente, sem segundas intenções, sem interesses materiais, sem cobrar coisa alguma.

Aquele que conta com força magnética e ajuda dos bons espíritos possui condições de socorrer enfermos. Mas que o faça por amor à humanidade, dispondo-se de forma desprendida a aliviar a dor e os padecimentos daqueles que sofrem neste mundo.

Aquele que possui a palavra fácil e a inteligência desenvolvida, com o auxílio dos benfeitores da espiritualidade, divulgue a verdade, fale sobre as lições imorredouras de Jesus Cristo, espalhando consolo e esperança por onde andar.

Aquele que escreve com agilidade e competência, contando com a presença de emissários de Deus, produza páginas de orientação, de esclarecimento e contribua para a elevação cultural do povo, pois o Cristo,

---

9 *O Livro dos Médiuns* – de Allan Kardec

antevendo tal necessidade, asseverou: "Conhecereis a verdade, e ela vos libertará."[10]

Aquele que tem mãos hábeis e coração sensível, estimulado pela ação amorosa dos amigos de mais além, produza alguma peça ou realize algum serviço que possa atender as necessidades dos irmãos que passam pela vida em situação de carência e penúria, observando principalmente crianças, adolescentes e jovens que caminham, muitas vezes, sem perspectivas para o futuro.

De graça recebemos o incentivo e os recursos oriundos da Providência Divina, nas mais variadas formas, e, de graça, devemos distribuí-los em nosso derredor.

Quem procurar por qualquer benefício ou favorecimento pela distribuição das dádivas que vêm de Deus, por agir na contramão dos ensinamentos cristãos, responderá mais cedo ou mais tarde perante o tribunal da própria consciência e amargará o peso doloroso do reflexo da irresponsabilidade cultivada.

Doemos de graça o que de graça recebemos, sem qualquer interesse pessoal. Esse é o caminho. Reflitamos...

---

10 João 8:32.

XXV

Ajuda-te primeiro

Portanto, procurai com zelo os melhores dons; e eu vos mostrarei um caminho mais excelente.
Paulo *(1 Coríntios, 12:31)*

IMENSO EQUÍVOCO PENSAR que, na vida, as conquistas e realização que almejamos possam cair do céu. Em realidade, as metas e objetivos serão concretizados mediante o esforço e dedicação que empreendermos.

Ninguém, em sã consciência, poderá esperar que o seu progresso, em todos os níveis e sentidos, será construído pelos outros. Cada qual, dentro da sua órbita de ação e maturidade, deverá lançar-se ao terreno das lutas diárias em busca das propostas que delineou.

A diferença entre a prosperidade de um e de outro está exatamente na forma e maneira como cada criatura trabalha com as possibilidades e oportunidades que tem.

Sendo todos filhos do mesmo Pai Celestial e vivendo submetidos ao mesmo código divino, temos em mãos os recursos de que necessitamos, ao longo do tempo, para sair da inferioridade que ainda temos na direção da perfeição que queremos.

Se ainda estamos atolados no lamaçal da dor e do

sofrimento, ninguém é culpado por isso. Em verdade tal situação decorre da nossa pouca ou quase nenhuma vontade em seguir as valiosas, urgentes e imprescindíveis lições de Jesus Cristo.

Pede o mestre divino que nos amemos uns aos outros. Sem distinção, obviamente. E o que temos feito no cotidiano é pensar em proteger somente aqueles que nos são caros, dando pouca atenção aos demais irmãos do caminho.

Solicita o mestre que saibamos perdoar as ofensas que recebemos, de forma ampla e abrangente. Mas ainda temos imensas dificuldades em eliminar o ódio, o ressentimento, a mágoa e o rancor que habitam o nosso coração.

Recomenda o excelso amigo que façamos, a outros, aquilo que gostaríamos que nos fosse feito. No entanto, se temos oportunidade, não vacilamos em prejudicar ou ferir aqueles que seguem ao nosso lado, pelas estradas da vida, egoisticamente zelando pelos interesses pessoais em detrimento dos interesses coletivos.

Assinala o senhor o valor do trabalho e do esforço, para que alcancemos as metas com honradez e honestidade. Mas fraquejamos diante das possibilidades de obter conquistas fáceis, mesmo que ilícitas ou imorais.

Sentencia o divino pastor o valor imenso da caridade, dentro do clima da solidariedade humana. No entanto, muitas vezes não conseguimos enxergar a aflição e a tortura de irmãos a poucos metros da nossa casa, cujas mãos estendidas, no silêncio, esperam por um gesto de amor, compreensão e fraternidade.

A vida nos devolverá tudo o que a ela dermos. Cada ação que desencadearmos trará de volta uma reação. A ciência vaticina que a energia atrai energia da mesma natureza. Isso significa entender que, mediante comportamentos, ações, atitudes e decisões, nós criamos ao nosso redor o mundo que desejamos. E esse mundo será bom ou ruim, dependendo do teor das vibrações que emitimos.

E como nossos atos nem sempre são de equilíbrio e consonância com as leis divinas, é natural que vivamos mergulhados numa atmosfera contaminada pelo orgulho e pelo egoísmo, chagas terríveis que tantos dissabores têm nos causado.

A Providência Divina não fará o nosso progresso. Mas oferece os recursos para que realizemos a nossa escalada evolutiva. "Ajuda-te e o céu te ajudará" significa compreender que a felicidade e a paz estão ao alcance das nossas mãos, dependendo, obviamente, do nosso interesse e desejo férreo em obtê-las.

XXVI

Médico é para os doentes

Os são não precisam de médico, mas sim os enfermos.
Jesus *(Mateus, 9:12)*

OBVIAMENTE, AS CRIATURAS saudáveis não necessitam de cuidados médicos. Os que precisam dos serviços da medicina são aqueles que, de alguma forma, estão doentes.

Jesus usou essa imagem para mostrar que a sua vinda à Terra trazia a proposta de socorrer especialmente aqueles que ainda não estavam devidamente enquadrados no contexto do equilíbrio, o que em realidade era, e ainda é, a grande maioria das pessoas neste mundo.

E a enfermidade a que o mestre se referia vai muito além das anormalidades físicas, abrangendo, detalhadamente, todas as deformidades do espírito. Sua mensagem sempre teve alcance holístico, isto é, visando o ser integral. E para que isso se dê, é preciso gozar saúde plena, ou seja, o necessário equilíbrio entre as duas naturezas de que somos portadores; a física e a espiritual.

Diante da nossa condição evolutiva, ainda muito distantes da perfeição, podemos até contar com uma boa saúde física, mas quem terá ampla e total saúde espiritual?

No momento, por mais que nos esforcemos, podemos identificar, em nossa intimidade, muito mais defeitos a serem vencidos do que virtudes já adquiridas. E, naturalmente, tais defeitos e inferioridades se caracterizam como as doenças que precisam de cura, urgentemente, se é que pretendemos desfrutar um pouco de paz e felicidade.

A medicina terrena nos oferece as poções que restabelecem e mantêm o ajuste do corpo; os ensinamentos de Jesus Cristo dão a base para a verdadeira saúde espiritual. O auxílio médico e medicamentoso aliado ao Evangelho do Cristo é capaz de fazer o homem verdadeiramente saudável.

Combatendo firmemente o egoísmo, essa terrível doença que confunde a nossa mente a ponto de acreditarmos que tudo deve ser nosso e nos faz pessoas mesquinhas, interessadas apenas naquilo que diz respeito a si, estaremos erradicando nefasta chaga do nosso âmago.

Combatendo decididamente o orgulho, esse infeliz comportamento que nos remete a pensar que somos sempre os melhores e que o mundo deva se curvar aos nossos pés, diante da nossa importância, que nos impede de vislumbrar a presença dos nossos irmãos que seguem ao nosso lado, estaremos eliminando doença pertinaz que há muito aboleta a nossa visão humanitária.

Combatendo a violência, que tem insistido para

que creiamos ser mais fortes e destemidos que os outros, verdadeiro nascedouro de inimizades e antipatias, estaremos extirpando uma anomalia que tem contribuído para o clima beligerante da sociedade em que vivemos.

Combatendo o ódio, essa represa de águas putrefatas que reside em nosso coração e que tem proporcionado incontáveis tragédias em nossa vida, estaremos não só asserenando os nossos dias como apaziguando os dias daqueles que se relacionam conosco.

Combatendo a preguiça, mãe do nosso atraso intelectual e moral, que nos mantém manietados à inércia e ao comodismo, estaremos dando um novo impulso à caminhada que nos levará, futuramente, à perfeição a que todos estamos destinados e que surgirá mediante os nossos esforços.

Combatendo o pessimismo, que turva o nosso ânimo e nos propõe uma vida de cabeça baixa e amedrontada, renasceremos para as lutas e metas que nos conduzirão a patamares de superação e progresso espiritual.

Assim, as sábias e oportunas lições de Jesus Cristo nos foram entregues para que tenhamos saúde plena, abrangente, holística, e contemos com os recursos imprescindíveis, visando colher, na presente existência física, todos os frutos possíveis.

De alguma forma somos todos doentes. Os remédios estão disponíveis. Façamos usos deles sistematicamente, buscando-os nas farmácias da Terra e no coração de Jesus.

XXVII

O verdadeiro cristão

Então, se alguém vos disser: "Olhai, aqui está o Cristo"; ou: "Ei-lo acolá!", não lhe deis crédito. Porque se levantarão falsos cristos e falsos profetas, que farão grandes prodígios e maravilhas tais, que, se fora possível, até os escolhidos se enganariam.
Jesus *(Mateus, 24:23-24)*

JESUS CRISTO, COMPREENDENDO que os homens estavam em condições de receber a verdade, veio pessoalmente assinalar uma nova era para a Humanidade. Tão grandiosa era a sua mensagem, que o Cristo veio trazê-la ele próprio, em vez de enviar algum emissário. E assim fez para que a essência dos seus ensinamentos não se perdesse pelos labirintos humanos.

Então, há mais de 2 mil anos está acesa a lâmpada do cristianismo, a espalhar luz em todos os quadrantes da Terra. Muitos já caminham orientados pela sua claridade, mas a maioria dos habitantes do planeta ainda prefere ignorá-la, trilhando os passos pelas sombras perigosas da estrada.

Aproveitando a ignorância e a desatenção de muita gente, que ainda reluta em verdadeiramente seguir

Jesus, numerosos falsos líderes religiosos têm surgido, guiando os incautos e descuidados rumo a grandes enganos e terríveis equívocos que custarão, no futuro, amargos arrependimentos e lamentações. Na expressão do próprio Cristo, "são guias cegos conduzindo cegos, onde cairão ambos no barranco"[11].

O verdadeiro seguidor do Cristo é aquele que se empenha ao máximo em vivenciar, na prática, as inequívocas e sábias lições de Jesus. É, sim, um estudante das letras evangélicas, tirando delas todo o vasto conteúdo de ensinamentos que trazem, para exercitá-las no cotidiano.

Entende o discípulo do Cristo que o amor e o bem são bases sólidas e firmes, por onde deve trilhar. Suas ações e atitudes visam contribuir constantemente para a prosperidade e o progresso dos homens, sem carregar interesses pessoais ou buscar por recompensas imediatas.

Consciente da sua responsabilidade e importância na vida, o bom cristão não mede esforços para ajudar a implantar o reino de Deus na Terra, sabedor de que tal conquista ainda está distante, o que requer perseverança e determinação, na certeza absoluta de que a boa plantação renderá a farta colheita esperada. Seus exemplos serão sempre os da mais pura expressão cristã, onde o convite do mestre – "Amai-vos uns aos

---

11 Mateus, 15:14.

outros, como eu vos amei"[12] - brilhará no frontispício de cada gesto e de cada decisão.

Será reconhecido, o verdadeiro seguidor do Cristo, pelo seu trabalho sério em favor das criaturas. Onde houver lágrima, levará o lenço da esperança, visando aliviar os tormentos de quem chora. Onde houver dor e sofrimento, providenciará o remédio capaz de diminuir os padecimentos dos que experimentam as torturas decorrentes das doenças.

Onde houver infância órfã ou no abandono, ele estará a postos como digno representante divino a espalhar consolo e socorro, norteando o caminho de quem estende mãozinhas suplicantes e frágeis. Onde houver juventude em risco, o seguidor do Cristo não medirá esforços para mostrar caminhos de equilíbrio e dignidade a corações vacilantes e desavisados, apontando os perigos dos abismos que se escancaram aos nossos pés.

Onde houver fome, o bom servidor comparecerá com o alimento necessário e a palavra fraterna, aliviando corações desesperados ante os imprevistos da vida. Onde houver carência de roupas e agasalhos, o trabalhador do bem improvisará as vestes devidas para que os necessitados não sofram as agressões nascidas das intempéries. Onde houver descrença, surgirá ele, qual fosse um arauto dos céus, falando da grandeza de Deus e da necessidade urgente de conhecer e acompanhar Jesus.

---

12 João 15:12

Saberá, enfim, o verdadeiro seguidor do Cristo, que sua tarefa não estará terminada enquanto uma única criatura estiver sofrendo de alguma forma e por algum motivo, em algum lugar na Terra. Não descansará enquanto a alegria e a felicidade não florescerem em todos os corações humanos.

É o seguidor de Jesus aquele que fala menos e realiza mais, que se apaga para que a luz do Cristo possa brilhar intensamente dentro da noite humana, clareando nitidamente todo o planeta. E somente se sente feliz quando identifica ou ajuda a construir a felicidade alheia. Reflitamos...

XXVIII

Muitos os chamados, poucos os escolhidos

Assim serão últimos os primeiros;
e primeiros, os últimos, porque são muitos
os chamados e poucos os escolhidos.
Jesus *(Mateus, 20:16)*

A SOCIEDADE É o somatório das ações que emanam de cada cidadão que a compõe. Criaturas ajustadas e devidamente enquadradas nos padrões da decência e da dignidade, da fraternidade e do altruísmo, produzem ambientes sociais de paz e serenidade. De outro lado, homens em conflitos íntimos, oriundos do orgulho e do egoísmo, edificam comunidades perturbadas e inseguras, desequilibradas e aflitas.

Na engrenagem social, cada um oferece a contribuição que pode. Assim, queiramos ou não, o mundo que nos cerca será sempre aquele que construímos. E o ideal será sempre o de fazê-lo melhor, do que observá-lo à distância, emitindo opiniões e críticas, em atitude de acomodação.

Braços cruzados, inércia, lamentação e inconformismo inoperante em momento algum conseguiram erigir sociedades ordeiras e pacíficas. Assim, se o mundo de hoje não reflete os padrões de equilíbrio que desejamos, sem dúvida, é porque ainda permanecemos esperando que os outros façam a tarefa que nos compete realizar.

Por certo, não somos os primeiros a compor a fila dos que laboram para uma sociedade mais justa, fraterna e humana. Porém, imbuídos de propósitos saudáveis e força de vontade, mesmo tendo chegado depois, usando de esforços e perseverança, poderemos, ser os primeiros em produção de ações e comportamento que mudarão, para melhor, o rumo da nossa história social.

Cuidemos para que estejamos no rol daqueles que serão os escolhidos para viver em ambientes de assepsia moral, usando os nossos talentos em defesa daqueles que, por um momento, seguem à retaguarda.

Em lugar algum haverá paz enquanto um irmão nosso estiver deslocado no meio social em que vive. Será sempre impossível ser feliz sozinho, pois fomos criados por Deus para vivermos agrupados, onde a experiência de um serve de lição para o outro. E assim sucessivamente.

Ante a justiça e a sabedoria divina, é da lei que o mais forte deva ajudar o mais fraco; o mais rico, socorrer o mais pobre; o mais corajoso, amparar o vacilante; o mais culto, esclarecer o menos dotado intelectualmente.

Agindo assim, não há dúvida de que estaremos dentre os escolhidos, conforme sentenciou Jesus Cristo. No entanto, tomar outras deliberações, norteadas pela insensibilidade, descaso e omissão social, será cavar, sob os nossos pés, um abismo, para nele nos precipitarmos espetacularmente, sem previsão de quanto tempo ficaremos atolados no lamaçal das consequências infelizes, nascidas da insensatez, fantasias e ilusões.

Os chamamentos estão espalhados por todos os lados. Aqui, é o pai de família que estende as mãos suplicando por um trabalho. Ali, é a mãe desesperada em busca de alimento para os filhos... Mais além, é o jovem procurando por uma oportunidade na vida.

Em outros setores eclodem rogativas, as mais variadas, numa autêntica demonstração do quanto ainda temos por fazer para a implantação da paz e da felicidade.

Não importa a que horas chegamos para o trabalho, mas sim o empenho que estamos fazendo para nos tornar pilastras de sustentação do progresso social. Não percamos mais tempo! A felicidade nos envolverá na medida em que for plantada nos corações que nos cercam. Reflitamos.

XXIX

O poder da fé

Porque, na verdade, vos digo que, se tiverdes fé como um grão de mostarda, direis a este monte: passa daqui para acolá, e ele há de passar, e nada vos será impossível.
Jesus *(Mateus, 28:19)*

A FÉ VERDADEIRA caracteriza-se pela convicção absoluta na paternidade divina. Deus não nos criaria apenas como figuras decorativas do Universo. Dotou-nos, o Pai Celestial, de todos os recursos e mecanismos, que, se acionados devidamente, são capazes de nos assegurar o sucesso na caminhada.

Sem privilégios ou favorecimentos individuais, práticas que não se enquadram na justiça de Deus, temos plenas condições de movimentar ações, revestidas de força de vontade, que permitirão atingir as metas e as propostas que traçamos para a nossa vida.

Ninguém está impedido de realizar os projetos que almeja. A diferença entre o sucesso e o fracasso está na confiança que depositamos em nossas próprias forças. O poder do querer é determinante.

Quando acreditamos firmemente que podemos fazer algo, sem dúvida fazemos, pois o poder da fé, pela lei das afinidades, encontrará no seio universal o celeiro de forças construtoras, que está sempre à disposição dos idealistas e homens determinados.

As dificuldades nunca deixarão de existir, e Jesus denominou tais dificuldades como montanhas a serem transportadas. São, evidentemente, as montanhas das incertezas, das resistências, dos preconceitos, da má vontade, da dúvida, que acabam por atropelar nossos sonhos de paz e felicidade, trancafiando a nossa vida nos calabouços do medo e da insegurança.

Fomos criados por Deus para atingir a perfeição, com os nossos próprios esforços, portanto, devidamente equipados de todas as possibilidades de lograr o êxito esperado. E a fé operosa e determinada se firma como alavanca propulsora da nossa escalada de conquistas. Duvidar do nosso potencial é o mesmo que abrir um abismo sob os nossos pés, onde a queda espetacular é iminente.

Evitemos a presunção e o orgulho, que tanto mal tem causado aos homens, mas jamais deixemos de acreditar em nós mesmos, na nossa capacidade de realização, mesmo sabendo que nada será fácil, mas que tudo será possível.

A fé consciente e convicta não espera que as coisas aconteçam em nosso favor por si só, mas delibera que precisamos sair a campo para amealhar as conquistas que idealizamos.

Jesus admoestou os discípulos que não puderam

afastar os espíritos que atormentavam um jovem[13]. O mestre atribuiu o fracasso unicamente à falta de fé, à falta de confiança no próprio potencial.

Naturalmente, ninguém vai sair por aí acreditando poder realizar prodígios. Mas, fazendo bom uso dos recursos à nossa mão e com confiança em Deus, conseguiremos concretizar verdadeiros "milagres", aos olhos dos incrédulos, duvidosos e vacilantes.

Portanto, não basta afirmar que temos fé. Será preciso acreditar e descobrir o verdadeiro poder que encerra, lançando-nos corajosamente à concretização dos nossos sonhos e ideais.

---

13 Mateus, 17:14-19

XXX

Não basta dizer "Senhor, Senhor!"

Nem todo o que diz "Senhor, Senhor" entrará no Reino dos Céus, mas sim o que faz a vontade de meu Pai, que está nos céus. Esse entrará no Reino dos Céus.
Jesus *(Mateus, 7:21)*

O VALOR E a qualidade de um produto não estão, obviamente, no rótulo que envolve a embalagem, mas no seu conteúdo. Assim, o verdadeiro cristão não é aquele que apenas afirma sê-lo, mas sim o que realmente pratica os valiosos ensinamentos de Jesus.

O fiel seguidor do Cristo será sempre reconhecido pelas suas obras, pelas suas ações em favor do bem comum. Na pauta das suas realizações trará frequentemente a preocupação e a meta de servir, dentro do possível, ajudando a implantar o reino de Deus na Terra. Elege o bem como seu roteiro de vida e tudo faz para que a felicidade e a paz possam morar, definitivamente, nos corações humanos.

Onde há tristeza, procura levar um pouco de alegria. Onde há dores e sofrimentos, oferece o bálsamo do alívio. Onde há desespero e apreensões, esforça-se para conduzir a serenidade e a esperança... Onde há violência e agressividade, empenha-se em destacar a paz.

Enfim, o bom trabalhador procura colocar-se como pacificador onde residem desequilíbrios e desajustes, oferecendo o lenço que enxuga lágrimas, o colo que acolhe aos carentes e necessitados.

No mundo em que vivemos, a seara é imensa, e os trabalhadores são poucos, pois os interesses pessoais e o apego excessivo à matéria, nascidos do egoísmo, ainda embaçam a nossa visão humanitária, fazendo com que vislumbremos apenas o que diz respeito à nossa vida, sem tantos cuidados para os problemas e aflições que atormentam os nossos irmãos.

A biografia de Jesus Cristo, apresentada no Evangelho, informa o oposto. Ele viveu demonstrando ao homem qual o real caminho que deve trilhar; o esquecimento de si mesmo em favor do próximo.

Esquecemos um pouco de nós quando conseguimos identificar a criança desprotegida, em situação de risco, e nos lançamos a ampará-la, dentro do possível, apontando-lhe uma direção segura para o futuro ao abrirmos portas e criarmos perspectivas, objetivando a formação correta do seu caráter.

Esquecemos um pouco de nós quando no seio da família sabemos estender as mãos a todos, criando um polo de união e fraternidade para que a serenidade banhe todos os corações, num clima afetivo.

Esquecemos um pouco de nós quando percebemos que idosos seguem seus dias no desconforto e na carência e temos a coragem e o desprendimento de desenvolver ações em favor do alívio deles.

Esquecemos um pouco de nós quando temos a sensibilidade de perceber que lares existem onde a fome é uma realidade constante, e não vacilamos em algo fazer para socorrer estômagos vazios e mentes aflitas.

Esquecemos de nós quando vislumbramos a ignorância fazendo vítimas aqui ou acolá e ajudamos na politização e esclarecimento do povo, entendendo com Jesus que somente a verdade é capaz de libertar as criaturas desinformadas.

Esquecemos de nós quando conseguimos arranjar tempo para servir nas instituições de assistência e promoção humana, onde se desenvolvem programas e ações de socorro às aflições e angústias que torturam inúmeras criaturas.

Portanto, não basta apenas dizer "Senhor, Senhor!" Será preciso fazer a vontade de Deus, nosso Criador. O rótulo de cristão não nos assegura qualquer vantagem ou privilégio se permanecemos de braços cruzados e mente insensível a tantas dores e sofrimentos que assolam os corações humanos.

Jesus asseverou: "Ninguém vai ao Pai senão por mim". E podemos afirmar, de nossa parte, com convicção: ninguém vai a Jesus senão através do próximo. Assim, a identificação real do cristão se destacará mediante as obras que realizar em favor do bem comum.

XXXI

Aproveite cada talento

Porque assim é como um homem que, ao ausentar-se para longe, chamou os seus servos e lhes entregou os seus bens. E deu a um cinco talentos; e a outro, dois; e a outro deu um, a cada qual segundo a sua capacidade...
Jesus *(Mateus, 25:14-15)*

A PARÁBOLA DOS Talentos, que Jesus entregou à humanidade, é um expressivo apelo ao bom aproveitamento de todos os recursos e disponibilidades que temos, objetivando nosso aprimoramento espiritual, enquanto agimos no meio social em que vivemos.

Todas as criaturas possuem talentos, umas mais outras menos. Ninguém se apresenta aqui na Terra sem carregar consigo enormes possibilidades de progresso e prosperidade. O que precisamos, com urgência, é descobri-los e multiplicá-los, pois, a exemplo da parábola acima, o medo não serviu de desculpa ao servo temeroso, que enterrou o seu talento e foi lançado "às trevas exteriores, onde há choro e ranger de dentes."[14]

14 Mateus 25:30

Mas, ao contrário do que sucedeu ao servo temeroso, punido por sua apatia, inércia e preguiça, os demais servos "entraram no gozo do senhor" (Mateus, 25:21 a 23), isto é, receberam como prêmio a paz decorrente da consciência tranquila nos deveres fielmente cumpridos.

Nossos talentos são tantos, e, se bem aproveitados, renderão colheitas preciosas, capazes de nos aproximar, sentimentalmente, do coração de Jesus Cristo, que é, incontestavelmente, o guia e o modelo a ser seguido pelos homens, que anseiam arduamente viver em paz e no clima confortável da serenidade.

Com o talento da inteligência podemos criar mecanismos que possam amparar aos menos dotados intelectualmente e que seguem pela vida necessitando de algum tipo de amparo e proteção.

Com o talento da palavra podemos consolar irmãos em penúria, que padecem dores físicas e morais, aliviando, mesmo que seja um pouco, a carga dos seus padecimentos.

Com o talento da paciência e da renúncia podemos conviver com criaturas problemáticas e desequilibradas, procurando socorrê-las, com a proposta de tranquilizar, dentro do possível, seus corações torturados e suas mentes desarrumadas.

Com o talento da caridade podemos descobrir lares onde a miséria se instalou e levar um pouco de conforto e esperanças aos que jazem famintos de alimentos e de fé, mostrando a eles novos horizontes e novas perspectivas de vida.

Com o talento do trabalho voluntário, podemos dedicar horas em atividades assistenciais e de promoção humana, servindo nas instituições que laboram com extrema carência de recursos financeiros e humanos no desenvolvimento das suas programações.

Com o talento do otimismo e da alegria podemos levar uma mensagem de alívio a tantos irmãos que padecem algemados no desespero, na revolta e no ódio, vivendo dias conturbados pelo rancor e pela mágoa, propondo desobstruir suas visões turvas sobre a vida.

Com o talento da audição, podemos nos colocar ao lado de quem vive na solidão, para ouvir seus lamentos, suas queixas e suas aspirações, no desejo firme de algo fazer em seu benefício, pois são poucos aqueles que têm tempo e disposição para escutar o que um coração sofrido tem a dizer.

Com o talento da fé convicta de que Deus, nosso Pai amorável, tudo faz para o nosso bem e para o nosso crescimento espiritual, condição que nos assegura paz interior e serenidade diante da vida, podemos espalhar, mediante nossa postura, uma mensagem de confiança e tranquilidade, capaz de contagiar a muitos.

Portanto, não percamos tempo e nem adiemos mais a multiplicação dos talentos que nos foram confiados por Deus, pois, a qualquer momento, podemos ser chamados a prestar contas do que recebemos. E como vamos comparecer diante do Senhor?

XXXII

O maior mandamento

"Mestre, qual é o grande mandamento da lei?" Jesus lhe disse: "Amarás o Senhor teu Deus de todo o teu coração e de toda a tua alma, e de todo o teu entendimento. Este é o maior e primeiro mandamento. E o segundo, semelhante a este: amarás a teu próximo como a ti mesmo".

(Mateus, 12:34-40)

JESUS CRISTO, NUM extraordinário poder de síntese, resumiu os dez mandamentos apresentados por Moisés neste enunciado: "Amarás a teu Deus com toda a intensidade e ao próximo como a ti mesmo".

À medida que conseguimos amar a Deus de todo o nosso coração, de toda a nossa alma e de todo o nosso entendimento, teremos plena consciência da sabedoria e da justiça das leis divinas. Viveremos neste mundo ainda complicado e repleto de dores e sofrimentos sabendo que, acima de todas as coisas, reina o comando generoso e firme do Pai Celestial.

E, muitas vezes, mesmo não compreendendo seus valiosos desígnios, diante ainda da nossa imaturidade espiritual, saberemos seguir com fé, na certeza absoluta de que Deus, em momento algum, agiria de forma a nos prejudicar ou a nos causar qualquer dano. Não teremos dúvida em reconhecer que os reveses que sofremos decorrem do nosso descumprimento das leis universais.

Assim como o filho que não tem estrutura emocional e psíquica para entender determinadas medidas tomadas pelos pais com relação a ele, visando seu bem-estar e segurança, assim também nós, diante do Criador, reagimos ante as vicissitudes e provas do caminho, sem a noção exata do que são os desígnios e decisões divinas. Mas, no íntimo, compreendemos que há uma razão superior para tudo e que Deus quer o bem dos Seus filhos.

Amar a Deus sobre todas as coisas é carregar, no coração e no entendimento, incomensurável depósito de fé. Mas uma fé raciocinada, lógica e esclarecida. Já amar ao próximo como a nós mesmos significa ver no irmão o reflexo da nossa própria imagem, isto é, entendê-lo tão carente e desejoso de felicidade e paz quanto nós.

Cultivando tal entendimento faremos o máximo esforço para que cada ação desencadeada tenha como meta prioritária e única o bem-estar do nosso próximo, seja ele membro da família, seja um transeunte na rua, seja ainda colega de trabalho, companheiro de ideal ou mesmo em outras atividades que fazem parte da nossa vida social.

Em nossa consciência guardaremos a sabedoria de que não haverá possibilidades de paz e serenidade na Terra enquanto existirem criaturas desequilibradas ou fora do contexto das oportunidades indispensáveis ao progresso físico, moral e espiritual.

A caridade e a humildade serão virtudes que exercitaremos com frequência, enquanto o orgulho e o egoísmo serão defeitos e tudo faremos para neutralizar suas nocivas e deletérias influências.

Compreenderemos, com firmeza, que, à medida que formos plantando a alegria de viver nos corações dos que ombreiam conosco, essa mesma alegria irá fazendo morada em nosso âmago. E, na mesma proporção que conseguirmos ajudar nosso irmão a superar as suas aflições e desventuras, Deus, que tudo sabe e tudo vê, agirá de forma a socorrer as nossas mazelas, pois que cada um colhe o fruto decorrente da semente que planta. Cada ação gera uma reação da mesma natureza.

Somos livres para decidir, para escolher, para caminhar, mas é imprescindível saber que estaremos no centro dos reflexos de tudo o que fazemos. A mão que distribui flores, esta permanece perfumada; já a mão que atira lixo, fica suja da mesma imundície.

Para a nossa felicidade, então, amemos a Deus sobre todas as coisas e ao próximo como a nós mesmos. Reflitamos...

XXXIII

Quem acende uma luz...

Guardai-vos, não façais as vossas boas obras diante dos homens, com o fim de serdes vistos por eles; de outra sorte, não tereis a recompensa da mão de vosso Pai, que está no céu.
Jesus *(Mateus, 6:1)*

O VERDADEIRO SENTIDO da caridade, conforme ensina Jesus, e que as vozes celestiais ratificaram em *O Livro dos Espíritos*, é a benevolência para com todos, indulgência para com as faltas alheias e o perdão das ofensas. O bem em qualquer circunstância sempre produzirá valorosos e oportunos resultados, não importando de que forma e maneira seja feito. Se revestido de humildade e desprendimento, o bem praticado renderá benefícios incalculáveis àquele que o praticou.

É um engano acreditar que ao fazer o bem estamos apenas socorrendo quem o recebe. Quem acende uma luz é o primeiro a receber a claridade dela. Um gesto de solidariedade, uma ação fraterna, tem o poder de iluminar intensamente o coração generoso, irradiando seus raios na direção daquele que se pretende ajudar.

Como uma usina geradora de energia, quem já tem

a consciência do que é o bem está sempre repleto de força e vigor, vivendo de forma muito mais saudável e dignificante.

As formas de exercer a bondade são as mais variadas possíveis. No lar, onde a doença pertinaz se instalou em algum familiar, fazer o bem é socorrê-lo com o máximo esforço, recorrendo a todos os recursos médicos possíveis, sem esquecer a paciência e a resignação diante dos desígnios divinos.

Na família em que se verifica a existência de filhos seguindo pelas estradas sombrias das viciações tóxicas, fazer o bem é insistir em fazê-los enxergar o abismo que lhes escancara aos pés, com persistência e determinação, lembrando que são livres para escolher a vida que desejam viver.

Na comunidade que nos acolhe, fazer o bem é desenvolver ações sociais que possam criar oportunidades para que todos encontrem possibilidades de prosperidade e progresso. Amparar a criança carente, socorrer pais desempregados, oferecer amparo aos idosos sem recursos e se aproximar daqueles que perderam a razão de viver, todas estas são atitudes de extremo valor.

Nas nossas horas de folga, fazer o bem é destinar um pouco de tempo para prestar serviços voluntários, sem desânimo, nas instituições de filantropia e promoção humana, que, na sua maioria, subsistem com extrema carência de recursos materiais e humanos para o desenvolvimento de seus imprescindíveis programas de trabalho em favor de inúmeros necessitados.

Obviamente, as sugestões apontadas são pequenos lembretes diante da imensidão dos problemas sociais que nos circundam, onde seres humanos, como nós mesmos, desejam uma vida de paz, de conforto e de serenidade.

A esperança de viver uma vida melhor é anseio de todas as criaturas. Quando nos propomos a ajudar aqueles que seguem ao nosso lado, para que possam se aproximar ao máximo da concretização dos seus sonhos, pela lei de causa e efeito, nós estamos criando as condições e possibilidades para que os nossos sonhos também sejam realizados. "É dando que se recebe", conforme ensinou Francisco de Assis.

Quando alguém consegue vislumbrar as dificuldades dos irmãos de caminhada e dispõe-se a minorá-las, de acordo com as suas forças e disponibilidades, sem perceber, cria um canal de ligação com a Providência Divina, que identifica suas necessidades, dando-lhe muito mais do que oferece, pois quem dá o bem é o primeiro beneficiado.

Se já despertamos nossa consciência para os reais e imprescindíveis valores da vida, a estrada a seguir é a do bem, somente a do bem.

XXXIV

Eu sou o caminho, a verdade e a vida

Não compreendeis que tudo o que entra pela boca desce ao ventre e se lança depois num lugar escuso? Mas as coisas que saem da boca vêm do coração, e estas são as que fazem o homem imundo...
Jesus *(Mateus, 15:17-20)*

AS IMPRESCINDÍVEIS LIÇÕES de Jesus, que há mais de 2 mil anos nos acompanham, são a bússola e o roteiro mais modernos, seguros e capazes de nos proporcionar o estado de serenidade e conforto íntimo que procuramos avidamente, mas que ainda não conseguimos encontrar.

Preferindo seguir por outros rumos, ao longo do tempo, a humanidade, de um modo geral, juntou decepções, enganos e arrependimentos, que fizeram surgir montanhas de dor, uma imensidão de lágrimas e um celeiro abarrotado de intensos sofrimentos. Diante desse passivo tão negativo, é natural que a colheita verificada até agora não seja das melhores.

Na passagem evangélica em epígrafe, Jesus ensina que os malefícios oriundos da hipocrisia, da falsidade e da ilusão, tão em moda nos dias atuais, têm seu nascedouro nos lábios do próprio homem. E que o zelo dos judeus, com relação à comida, ou à supervalorização do ato de lavar as mãos antes das refeições, traduziam uma cultura mais preocupada com a forma do que com o conteúdo, mais com o ritual do que com a essência.

A criatura humana crê frequentemente que bastam atos e atitudes exteriores, de pura aparência, de mentiras, para assegurar uma posição de tranquilidade e paz. Acredita que, usando o verniz do disfarce, conseguirá enganar a própria consciência, deixando de cumprir seus deveres, iludindo a si mesma.

Trilhando caminhos de vaidade e fantasias, vive uma felicidade falsa, que desmorona no primeiro vendaval dos reveses que surgem. E o castelo de aparências, construído sobre a areia dos enganos, desfaz-se para dar lugar ao abismo do sofrimento. Tudo isso porque ainda não estamos com a devida disposição de viver de conformidade com os ensinamentos cristãos.

Quantos de nós frequentamos igrejas, templos, sinagogas ou centros espíritas, acreditando que isso basta para nos assegurar uma boa posição futura? Fazemos isso habitualmente, como que cumprindo uma obrigação. Mas continuamos impermeáveis aos ensinos e chamados de Jesus. Procuramos tais núcleos de oração como desencargo de consciência, nada mais do que isso. Visitamos os locais físicos que servem de sede para os ensinamentos do Cristo, mas as lições do mestre não adentram o nosso íntimo.

Ouvimos as preleções sobre o perdão e continuamos magoados, ou mesmo odiando aqueles que nos feriram. Temos notícias da necessidade de socorrer os que sofrem mais do que nós, dentro do princípio da solidariedade, mas seguimos as veredas do egoísmo, pensando somente em atender as nossas necessidades.

Sabemos do valor da máxima: "Amarás ao próximo como a ti mesmo"[15], do mestre Jesus, mas preferimos amar a nós mesmos esquecendo o próximo. Somos informados de que ninguém conseguirá ser feliz sozinho, mas relutamos em acreditar nessa assertiva. Nunca fomos tão bem informados como na atualidade. Ninguém poderá alegar ignorância sobre o que é certo ou errado, pois as leis de Deus estão escritas na consciência de cada um, conforme lemos em *O Livro dos Espíritos*[16].

A maioria tem conhecimentos, ainda que relativos, sobre a verdade. Já descobriu que segue por estradas equivocadas, tem plena consciência sobre os enganos que comete, mas a coragem para as mudanças é extremamente incipiente, frágil e debilitada.

Essa impotência do homem diante das mudanças que são necessárias denota um perfil ainda medroso e acovardado ante a tomada de novas e arrojadas deliberações, que o fariam sair da inércia e da acomodação, vividas até agora, para lançar-se destemidamente no roteiro de Jesus Cristo.

Os tempos são chegados. Sim, são chegados, para

---

15 Mateus 22:39

16 *O Livro dos Espíritos*, de Allan Kardec. Questão 621.

sepultar de vez o "homem velho", conforme afirmou Paulo de Tarso. Esse homem velho é o ser egoísta, orgulhoso, insensível, desonesto, vaidoso, arrogante, omisso, que habita o nosso interior. E que deve morrer, para que em seu lugar nasça "o homem novo", solidário, amável, caridoso, tolerante, justo, atuante e idealista.

Agindo assim, estaremos deixando a nossa condição de inferioridade para destacar a sublimidade dos nossos sentimentos, abrindo verdadeiramente as portas para a felicidade real, definitiva e sólida. Quando o Cristo asseverou "Eu sou o caminho, a verdade e a vida. Ninguém vai ao Pai senão por mim" (João 14-6), deu-nos o roteiro seguro e um modelo a seguir.

XXXV

Pequeno como uma criança

Todo aquele, pois, que se humilhar e se fizer pequeno como este menino, esse será maior no Reino dos Céus.
Jesus *(Mateus, 18:1-5)*

NO CONTEXTO DOS profundos ensinamentos de Jesus encontramos o roteiro seguro e as indicações claras para que a humanidade possa trilhar, com a maior brevidade possível, o caminho de ascensão que a conduzirá a patamares mais elevados de equilíbrio e sublimidade.

O roteiro apontado pelo Cristo, quando entendido e vivenciado na prática, permite às criaturas humanas chegarem à perfeição a que todos estamos destinados. Os outros rumos, que até então temos percorrido, à contramão das imprescindíveis lições do divino amigo, renderam rios de lágrimas e montanhas de aflições, ao logo dos séculos, sugerindo mudanças urgentes.

Quando Jesus Cristo assinalou, diante dos apóstolos, que fossem servos uns dos outros, deu-nos preciosa lição de que a humildade e a simplicidade são as credenciais de virtude para adentrar o Reino dos Céus. Condenou assim o orgulho, que tem causado enormes prejuízos a todos nós. Em outro momento do seu ministério de amor, o mestre ensinou que, para entrar nas bem-aventuranças, é preciso que o homem se faça simples como a criança, ou seja, que traga pureza de coração.

Devemos, sim, ter a pretensão de ser o maior. Mas o maior em paciência, para conviver serenamente com aqueles que ainda se posicionam como causadores de problemas sociais. Maior em amor ao próximo, para servir ao irmão de caminhada que segue seus dias pelos trilhos da dor...

Devemos, sim, disputar a supremacia na compreensão, para entender aqueles que não pensam e nem agem como gostaríamos que fizessem. Buscar o mais alto lugar no pódio do desinteresse pessoal, atuando na direção dos que choram estendendo as mãos suplicantes.

Quem quiser ser o maior, seja o maior na determinação de superar os próprios defeitos, adquirindo virtudes que o aproxime dos espíritos puros. Que seja o maior na fé que dá ao ser a certeza da bondade, justiça e sabedoria das leis divinas, evitando blasfemar quando as circunstâncias divergem daquilo que planejamos.

Que seja maior no trabalho em favor de quem apresentar necessidades, sem pedir nada em troca e nem qualquer manifestação de gratidão e reconhecimento.

Que seja, enfim, o "maior no Reino de Deus", aniquilando o orgulho, o apego aos bens terrenos, a pretensão de se sentir superior aos demais. Que conquiste a mais meritória das virtudes, que é o sacrifício do interesse pessoal em favor do semelhante, servindo sempre, sem segundas intenções.

Assim, com a aquisição de virtudes e eliminação dos defeitos, a criatura humana estará, sim, assegurando posição elevada entre os bons. Tomando a imagem de um menino como símbolo, Jesus destaca a pureza de sentimentos, condena a malícia, combate a animosidade e exalta a vivacidade e a alegria que imperam no comportamento dos pequenos. E pede que tenhamos a mesma pureza no coração.

O símbolo usado nos remete ao perdão das ofensas recebidas, na extinção do ódio que amontoamos no coração, na erradicação da maledicência que cultivamos descuidadamente, na superação da vaidade que nos remete sempre a incontáveis decepções e sobre a vitória aos preconceitos e intolerâncias que insistem em nos fazer, enganosamente, superiores aos outros, pois na intimidade de um coração infantil não há lugar para nada disso.

Quem desejar, portanto, ser o maior, o mais importante, o mais útil, o mais valoroso, que seja aquele que mais trabalha pelo bem, que mais oferece amor, que mais serve, que mais promove a paz e a serenidade entre os homens.

Na intimidade das lições de Jesus não encontramos qualquer informação sobre recompensas saudáveis àqueles que passam pela vida pensando em si só ou agindo de forma a causar danos e dissabores aos outros. Quem planta sementes de flores, colherá a beleza e o perfume. Quem planta sementes de espinhos...

XXXVI

Bem-aventurados os que choram

Bem-aventurados os que choram, porque serão consolados.
Bem-aventurados os que têm fome e sede de justiça,
porque serão fartos.
Jesus *(Mateus, 5:5-6)*

ESTANDO NO MUNDO há mais de dois mil anos, as valiosas lições de Jesus espalharam-se por todos os continentes. Os povos não as ignoram, no entanto, a prática dessas lições é ainda muito acanhada. E por isso mesmo a humanidade vive colhendo safras de dores e intensos sofrimentos.

A inteligência humana tem conseguido feitos notáveis no campo da ciência e da tecnologia, mas apresenta reconhecidas dificuldades em posicionar-se com equilíbrio no campo moral, onde é possível notar com facilidade a rebeldia do homem, que teima em permanecer atolado no orgulho e no egoísmo, essas terríveis chagas que têm atrasado o nosso progresso.

Quando Jesus ensinou: "Bem-aventurados os que choram, porque serão consolados. Bem-aventurados os que têm fome e sede de justiça, porque serão fartos", ele falava da vida futura. Nesse sentido, vale lembrar que o homem possui duas naturezas: a física e a espiritual.

Pela natureza física, vive de conformidade com as leis da matéria. Para manter seu corpo saudável e em condições de seguir pela vida, necessita dos recursos materiais que estão à sua disposição. Ela é passageira. Pela natureza espiritual, vive a vida fora da matéria, que é infinita.

A sustentação da vida espiritual dentro do equilíbrio depende de realização que envolve desprendimento, amor ao próximo, solidariedade, caridade etc. Sendo definitiva, a vida espiritual prossegue além-túmulo, quando então encontraremos, após experiências no mundo físico, as consolações anunciadas por Jesus.

É natural que cada um receba de acordo com os seus merecimentos, mas, se no primeiro momento, na chegada à vida espiritual, não for possível encontrar a felicidade, mais adiante a encontraremos, pois por lá a vida não acaba.

Devemos, sim, fazer o maior esforço para viver bem, com serenidade e paz já desde aqui na Terra. Mas, sendo isso ainda pouco possível por enquanto, não nos percamos nos labirintos da revolta ou do inconformismo, pois a verdadeira felicidade "não é deste mundo".

Não teriam qualquer sentido as informações de Jesus quando fala das bem-aventuranças se a nossa vida fosse vivida somente na Terra. Como ser bem-aventurado por chorar? Por sofrer? Por ter sede e fome de justiça?

Mas enquanto a criatura humana não adquirir a convicção da sua imortalidade, terá dificuldades em usufruir uma vida pacificada. Buscando por constantes realizações materiais, muitas vezes desnecessárias e supérfluas, o homem, ao não conseguir seus intentos, mergulha em frustrações e desequilíbrios que desembocam em lamentáveis decepções, daí seguindo para quadros depressivos e angustiantes.

Vivamos no mundo material. Se aqui estamos, é porque muito temos a aprender. E as lições do evangelho estão à disposição do homem. Ninguém poderá alegar que não teve acesso a seus ensinamentos, que aí estão como rota e bússola a serem fielmente seguidas.

As escolhas e decisões serão sempre nossas, pois contamos com o livre-arbítrio em nosso favor. Mas será muito interessante observar que até o presente momento, vivendo como vivemos até agora, ainda não pudemos desfrutar a paz sonhada, tampouco a felicidade que desejamos.

Distante da luminosidade de Jesus Cristo, somente nos restará colheita de trevas, bem representada pelos tormentos aterradores que nos envolvem. Pensemos nisso...

XXXVII

Meu reino não é deste mundo

O meu reino não é deste mundo; se meu reino fosse desse mundo, certo que os meus ministros haviam de pelejar para que eu não fosse entregue aos judeus; mas por agora o meu reino não é daqui.
Jesus *(João, 18:33-37)*

O EVANGELHO DE Jesus e suas lições nos seguem há mais de 2 mil anos. No entanto, ainda não foi suficientemente compreendido e muito menos praticado. A humanidade caminha indecisa, indiferente, sofrida e torturada, longe, muito longe de alcançar a serenidade que busca.

Numerosas rotas e direções foram e vêm sendo tentadas pelos homens. Porém, divorciadas do conteúdo cristão, apontam rumos incertos e não estão conseguindo alcançar o oásis de paz e de felicidade que todos almejam.

Ao afirmar que seu reino não é deste mundo, estabelecia que esse reino é de outro mundo. Obviamente, falava ele da vida espiritual, infinita, de onde ele vinha e para onde retornou. E que nós igualmente não somos deste mundo, estamos no mundo. E haveremos de voltar à nossa verdadeira pátria, que é o mundo dos espíritos.

No entanto, ao aportar aqui na Terra, vestindo um corpo material, acabamos por esquecer o que programamos e, de forma irresponsável, teimamos em cometer os mesmos equívocos de outrora ou por incorrer em outros, ficando nossos objetivos relegados a planos secundários. Decorre daí, naturalmente, a colheita de dores e sofrimentos que aflige nosso coração.

Quando Jesus ensinou: "Há muitas moradas na casa do Pai"[17], quis ele ensinar à humanidade que a vida está em todo o Universo, não se restringindo apenas a este planeta, como enganosamente pensávamos.

Povoado de mundos, de planetas, o Universo é uma grande morada de espíritos, onde encontraremos sempre um local adequado para a nossa estalagem, dependendo do grau de maturidade espiritual que apresentamos.

A vida na Terra, portanto, caracteriza-se como uma pequena parcela da nossa vida total, pois somos espíritos imortais, caminhando rumo à perfeição, que lograremos encontrar um dia, depois dos esforços que empreendermos para a concretização dessa meta.

Ao sentenciar que "na verdade te digo que não pode ver o Reino de Deus senão aquele que renascer de novo"[18], o Cristo se referia à reencarnação, ou seja, a volta do espírito a um novo corpo, trazendo consigo

---

17 João 14:1-3
18 João 3:1-12

as propostas de redenção dos erros até então cometidos e o desejo de aprender novas lições aqui na Terra.

Sendo infinito o progresso, reencarnaremos neste planeta, tantas vezes quantas forem necessárias. Enquanto existir algo a aprender por aqui, poderemos permanecer neste mundo, embora sabendo que nada nos impede de fixar moradas em outros setores do Universo, sempre que houver necessidade e razões justas para isso.

Assim como muitas escolas existentes na Terra, também no Universo existem numerosos educandários que nos abrem suas portas para que colhamos as mais variadas e importantes lições, que possam enriquecer nossa bagagem de conhecimentos necessários.

"Não penseis que vim destruir a lei e os profetas; não vim para destruí-los, mas para dar-lhes cumprimento"[19], afirmou Jesus. E nessa assertiva, comunicou ao mundo sua proposta de ampliar, aprofundar e estender a lei mosaica, cumprida não segundo a letra, mas segundo o espírito da letra.

As leis humanas são adequadas aos povos, às épocas, à maturidade do senso moral das criaturas. São mutáveis, pois se ajustam às situações nascidas da convivência social. Já as leis naturais ou divinas, que dimanam do Pai Onipotente, são imutáveis, uma vez que são as mesmas desde os tempos imemoriais,

---

19 Mateus, 5:17-18

sustentando a estabilidade do Código Divino. Assim, foram essas leis que Jesus afirmou ter vindo cumprir.

É inegável que todos nós desejamos viver em paz, harmonicamente, junto daqueles que amamos, mas isso só será possível quando nos conscientizarmos da urgência em praticar, fielmente, as imprescindíveis lições de Jesus Cristo.

XXXVIII

As imprescindíveis lições de Jesus

Mas aquele que quiser ser o maior, esse seja o vosso servidor; e o que entre vós quiser ser o primeiro, seja o vosso escravo.
(Mateus, 20:20-28)

AS IMPRESCINDÍVEIS E sábias lições que Jesus Cristo nos legou, pessoalmente, há mais de 2 mil anos, ainda estão à espera de que possamos vivenciá-las no cotidiano. Discursadas em púlpitos, tribunas, cantadas em versos, apresentadas em textos bem elaborados, elogiadas, exaltadas, mas ainda pouco vividas, pois a sociedade a que pertencemos ainda sofre de todos os males e viciações que o mestre apontou há tanto tempo.

Entre conhecer e praticar existe um enorme abismo a ser vencido. Em geral a humanidade inteira tem conhecimento dessas importantes lições. Não há como ignorá-las! Mas avançamos pouco. E, então, dores imensas, sofrimentos profundos e aflições sem medida nos consomem, proporcionando momentos torturantes aos nossos corações.

Quando Jesus disse: "Bem-aventurados os pobres

de espírito, porque deles é o Reino dos Céus"[20], informou a necessidade de combatermos, com todas as forças possíveis, o orgulho que ainda carregamos no âmago e que tem sido o nascedouro de tantos infortúnios e agruras em nossas vidas.

Essa chaga tão terrível, que faz o homem acreditar que é poderoso, que é mais importante que os outros, tem proporcionado desavenças familiares, infindáveis desentendimentos sociais e guerras cruentas entre povos, esparramando no mundo rios de lágrimas e sangue, carregando consigo as mais desesperadoras tragédias.

Sem o cultivo da humildade e da simplicidade não lograremos a paz que sonhamos e nem a felicidade que queremos. Quando Jesus ensinou: "Mas aquele que quiser ser o maior, esse seja o vosso servidor; e o que entre vós quiser ser o primeiro, seja o vosso escravo", lecionou sobre a importância de se destacar pelo trabalho.

Aqueles que pretendem seguir à dianteira da humanidade precisam dar mostras reais de que têm condições para tanto, legando aos que seguem à retaguarda os mais belos e nobres exemplos morais, demonstrando fielmente que entenderam as lições do Cristo. Não basta querer, impor, falar. Será preciso fazer.

O primeiro e o maior, dentre os homens, deve se

---

20 Mateus 5:3

destacar pelo esforço empreendido em favor do bem-estar e do progresso social, pois a meta de todas as realizações na Terra precisa ter como objetivo prioritário a felicidade das criaturas humanas.

Aqueles que se julgaram maiores, melhores, mais fortes e mais poderosos, utilizando meios e métodos que estavam na contramão das lições de Jesus, acabaram frustrados e esquecidos pelos cantos da História, enquanto outros, seguidores fiéis do mestre, continuam firmes na dianteira de suas notáveis realizações humanitárias: Gandhi, Martin Luther King, Francisco de Assis, madre Teresa de Calcutá, Francisco Cândido Xavier e tantos outros.

Quando Jesus disse: "Vinde a mim, todos vós que andais em sofrimento e vos achais carregados, eu vos aliviarei"[21], estava estendendo os braços para nos proteger na caminhada de ascensão espiritual que precisamos empreender, rumo à perfeição a que estamos destinados.

O mestre não disse que eliminaria os nossos problemas, aflições e a necessidade do esforço pessoal, mas prometeu socorro nos momentos mais difíceis, falando em aliviar, para que possamos reunir novas forças e seguir a caminhada que nos pertence. Assim como o professor que não faz a prova que é do aluno, mas o prepara para o desafio, Jesus também não realiza o serviço que é nosso, mas se coloca sempre ao

21 Mateus, 21:28-30

nosso lado, auxiliando para que façamos o que nos compete fazer.

Não menosprezemos as imprescindíveis e valiosas lições de Jesus. Estas não são velhas e nem estão superadas. Todos nós que tomamos outros rumos já conhecemos os prejuízos por não tê-las seguido integralmente.

O tempo é agora.

XXXIX

Praticando o evangelho

E assim, tudo o que quereis que os homens vos façam, fazei-o também vós a eles. Porque esta é a lei e os profetas.
(Mateus, 7:12)

O HOMEM CONSCIENTE e lúcido não busca outra coisa senão encontrar a paz e a felicidade. Essa é a meta almejada por todas as criaturas, indistintamente. Sabendo disso, por que ainda insistimos em seguir nossos dias acalentando no coração o orgulho e o egoísmo, que tanto mal têm causado à humanidade?

O bem-estar e a serenidade não é o que procuramos? Se for o nosso desejo viver bem e em paz, não será também esse o anseio do nosso irmão de caminhada? Por que, então, ainda agimos e reagimos, em oportunidades várias, provocando a dor e o sofrimento nos corações que nos cercam?

Não orienta as lições de Jesus "que nos amemos uns aos outros"? "Que façamos aos nossos irmãos tudo aquilo que desejamos que eles nos façam"? Assim sendo, por que carregamos no âmago as viciações e deformidades morais decorrentes da vontade de ser superior e possuir mais que os outros?

Conhecer o evangelho do Cristo, o mundo já conhece. Estudá-lo devidamente é tarefa pertencente a uma minoria da humanidade. Praticá-lo no cotidiano é comportamento identificado em alguns poucos que já despertaram para os reais e imprescindíveis valores da vida.

Se desejarmos mesmo sair da condição de animalidade que ainda carregamos, rumando para a sublimação dos nossos sentimentos, seguindo na direção da angelitude, não nos resta alternativa senão fazer parte desse pequeno grupo que vivencia, na prática, os ensinamentos de Jesus.

Reflitamos, então, maduramente, observando nossos comportamentos, atitudes e procedimentos, para verificar sem paixão se o roteiro da nossa vida nos permite o enquadramento no rol daqueles que praticam as sábias lições do divino mestre.

Quando praticamos o evangelho de Jesus, na família somos o ponto de equilíbrio, a base forte do lar, que tem capacidade para ajudar e socorrer os demais membros, sempre que possível e necessário, dentro do clima da compreensão e da tolerância.

Quando praticamos o evangelho de Jesus, no trabalho nos esforçamos ao máximo, não importando o tamanho e a dimensão social da nossa tarefa, mas sempre carregando a preocupação de nos desincumbir bem das atribuições que nos foram confiadas.

Quando praticamos o evangelho de Jesus, na rua damos constantes exemplos de civilidade e cidadania, nos colocando sempre com educação e fineza, valorizando o equilíbrio no relacionamento humano que deve existir entre as criaturas.

Quando praticamos o evangelho de Jesus, na sociedade somos tarefeiros atuantes, participando dos movimentos sociais que visam à prosperidade e o progresso dos homens, não aceitando em hipótese alguma a posição de indiferentes, acomodados e omissos.

Quando praticamos o evangelho de Jesus, com o próximo somos solidários e fraternos, de mãos estendidas, procurando seguidamente algo fazer para que ele tenha mais paz e felicidade no coração.

Quando praticamos o evangelho de Jesus, observando as falhas e os defeitos alheios, entendemos que não devemos criticá-los, mas sim exercitarmos a compreensão, uma vez que de nossa parte também apresentamos incontáveis deficiências.

Quando praticamos o evangelho de Jesus, priorizamos o bem-estar da criatura humana como meta e proposta a ser atingida, tudo fazendo para que sejamos polo irradiador de otimismo, esperança e alegria.

Quando praticamos o evangelho de Jesus, nasce a felicidade em nós, por identificar a felicidade no coração daqueles que nos cercam. Indispensável e urgente, então, a vivência prática do evangelho de Jesus Cristo.

XL

O fermento do idealismo

Não sabeis que um pouco de fermento leveda a massa toda?
Paulo *(I Coríntios, 5:6)*

NA CULINÁRIA, O uso do fermento tem a função de promover o crescimento da massa, proporcionando a produção de alimentos saudáveis e de boa qualidade.

Paulo de Tarso, o apóstolo dos gentios, sempre preocupado em deixar um lastro de conhecimento e instrução ao povo do seu tempo, e, por consequência, a todos nós, na divulgação fiel das imprescindíveis lições de Jesus, usou o fermento para informar a possibilidade do crescimento de todas as ações que praticamos, sejam elas boas ou más.

No contexto social em que vivemos, sempre estamos numa posição intermediária: ora aprendendo com quem segue à nossa vanguarda, ora ensinando quem está à retaguarda. Somos, ao mesmo tempo, alunos e professores, influenciamos e somos influenciados.

Assim sendo, imperioso é apresentar exemplos de uma conduta digna, de boa referência e moralizada, contribuindo assim para a construção do mundo de paz e serenidade que todos almejamos.

Usando o fermento da alegria, conseguiremos

criar uma ambiência de tranquilidade ao nosso redor, permitindo que a simpatia e a afetividade contagiem as pessoas que nos cercam.

Usando o fermento da esperança, ensinaremos aos observadores que acreditamos convictamente na lógica e na eficiência das sábias leis de Deus.

Usando o fermento da fé, demonstraremos que temos absoluta certeza de que tudo que nos cerca tem uma razão de ser e que estamos munidos de todos os recursos e mecanismos que, se acionados, nos garantirão atingir as metas propostas.

Usando o fermento da perseverança, daremos firmes demonstrações de que somente com esforços e lutas lograremos alcançar o êxito em todas as empreitadas que abraçamos.

Usando o fermento da coragem, deixaremos transparecer que os desafios e as barreiras que se levantam à nossa frente nunca impedirão o nosso avanço na direção da prosperidade.

Usando o fermento do amor, lecionaremos àqueles que seguem ao nosso lado que, sem a fraternidade, o altruísmo e a caridade, não conseguiremos criar, no meio social que nos acolhe, o ambiente seguro da solidariedade.

Usando o fermento do ânimo, não temeremos as dificuldades naturais da vida, permitindo que nos vejam fortes e destemidos, prosseguindo na tarefa de crescimento espiritual a que nos propusemos.

Usando o fermento da compreensão, não complicaremos a vida junto daqueles que vivem e pensam diferente de nós, pois somos seres individuais, donos de características próprias e que têm absoluta necessidade de vivência social.

Usando o fermento da resignação e da paciência, compreenderemos que ainda vivemos num mundo em construção e que muito ainda temos que fazer para transformá-lo no oásis de paz que sonhamos.

Raciocinando dessa forma, não será difícil entender as várias maneiras de utilizar o fermento, dentro da conceituação humana que Paulo de Tarso recomendou, tendo como meta e proposta a melhoria do mundo, começando, obviamente, por melhorar a nós mesmos.

XLI

Faça a vontade do Pai

Assim que, se alguém está em Cristo, nova criatura é; as coisas velhas já passaram; eis que tudo se fez novo.
Paulo (II Coríntios, 5:17)

COM MUITA FREQUÊNCIA ouvimos a afirmativa de que "os tempos estão chegados". Sim, o tempo sempre esteve à nossa disposição. No entanto, o que se entende com tal conceito é que o momento atual é propício ao desenvolvimento de ações que nos possibilitem a prosperidade espiritual.

Em realidade os problemas que atormentam as criaturas no mundo já estão plenamente detectados. O que está faltando, em verdade, é que nos lancemos a trabalhar com afinco e perseverança na solução definitiva dos mesmos.

Não basta somente aos homens identificar as causas dos desequilíbrios sociais enquanto permanecem prostrados, no gabinete das discussões intermináveis, avaliando denúncias, ouvindo acusações ou reescrevendo projetos que nunca saem das pranchetas para a prática.

Sim, "os tempos estão chegados". Mas chegados para o trabalho, para as ações concretas e decididas. É o tempo de arregaçar as mangas e iniciar a tarefa.

Dialogando com Pedro, Jesus ensinou o valor e a necessidade do perdão. E o que fazem as criaturas ante as intrigas, pugnas e atritos? Falar do perdão é importante, mas muito mais importante é perdoar, indistintamente.

O mestre nos conclamou a amar ao próximo como a nós mesmos. Que tipo de comportamento nós estamos exemplificando, junto àqueles que caminham conosco, no cotidiano? Conseguimos amar, mesmo aqueles que nos causam aborrecimentos?

A mensagem evangélica exorta-nos a fazer ao outro o que desejaríamos fizesse a nós mesmos. Quando temos dúvidas sobre uma decisão, um comportamento ou atitude que devemos tomar em relação ao próximo, perguntemos a nós mesmos como reagiríamos se fosse o inverso. Quase sempre perdoamos em nós aquilo que condenamos no outro.

O evangelho do Cristo orienta a fazer a caridade sem ostentação, incentivando a simplicidade e a humildade junto aos necessitados. Conseguimos ser fraternos e solidários diante das dores e aflições dos irmãos que seguem pela vida em condições de angústia e desespero? Quando fazemos caridade, fazemos como recomendou o mestre, de modo que a mão esquerda não saiba o que faz a direita?

Estando conosco há mais de 2 mil anos, os ensinamentos de Jesus ganharam notável divulgação, tanto que ninguém, neste mundo, poderá afirmar que nunca ouviu falar deles. Mas "os tempos estão chegados" para que os vivamos na prática.

As convulsões sociais que ainda impedem a felicidade e a paz entre as criaturas são sinais inequívocos de que continuamos a afirmar "Senhor, Senhor!", honrando-O somente com os lábios, mas sem se importar realmente em fazer a vontade do Pai Celestial que nos tem oferecido as mais valiosas e frequentes oportunidades de trabalho em favor do bem-estar geral.

Os tempos estão chegados! Tempo para que desenvolvamos mecanismos de socorro a tantas famílias que experimentam extrema pobreza. Para que amparemos a infância, a adolescência e a juventude que se encontram no abandono e na indiferença.

Tempo para que organizemos meios de amenizar a angústia dos idosos que vivem sem lar. Para que promovamos a paz e o equilíbrio em nossos lares. Para que exemplifiquemos o respeito, a consideração e a tolerância no meio social em que mourejamos.

Além de observar atentamente os ensinamentos teóricos de Jesus, imprescindível se torna transformá-los em ações definitivas, num trabalho sem esmorecimento em favor da implantação do reino de Deus na Terra. Não basta apenas dizer "Senhor, Senhor!"

XLII

Multiplicação dos pães

Quantos pães tendes? Ide ver.
E, sabendo-o eles, disseram: Cinco pães e dois peixes.
E, tomando ele os cinco pães e os dois peixes, levantou os olhos ao céu, abençoou e partiu os pães, e deu-os aos seus discípulos para que os pusessem diante deles.
E todos comeram, e ficaram fartos.
(Marcos, 6:38-41-42)

O EPISÓDIO DA multiplicação dos pães e peixes, narrado pelo Novo Testamento é, incontestavelmente, uma notável e rica lição que Jesus delegou à humanidade, para servir de norte e bússola às nossas ações cotidianas.

Naquele momento histórico o Cristo não transferiu aos seus discípulos a tarefa de socorrer a multidão faminta, que o buscava sedenta de consolo e alimento. Apenas solicitou que informassem quantos pães e peixes tinham e após, procedeu à multiplicação dos dois gêneros, permitindo que mais de cinco mil pessoas se alimentasse.

Sem dúvida, um ensinamento profundo e valioso. Ele deu solução ao problema.

É óbvio que ninguém, em sã consciência e plena

lucidez de raciocínio, se proporá a sair pela vida fazendo multiplicação de pães ou outros itens alimentícios, mas de forma alguma estamos impedidos de multiplicar os nossos talentos e recursos, de forma a contribuir para a melhoria do mundo que habitamos.

Multiplicando os pães da paciência conseguiremos conviver com as mais adversas situações e suportar os mais intrincados problemas, aqueles que desafiam o equilíbrio das nossas emoções.

Multiplicando os pães da perseverança haveremos de caminhar com coragem em defesa dos nossos ideais, onde a felicidade e a paz, por certo, figuram com meta e objetivo.

Multiplicando os pães da tolerância seguiremos firmes na compreensão das diferenças que nos cercam, principalmente no âmbito familiar, onde devemos entender que cada criatura traz consigo a própria individualidade, pensando e reagindo de modo próprio, como nós fazemos também.

Multiplicando os pães do altruísmo teceremos a teia das nossas ações sempre voltadas para o bem, onde o ser humano, em quaisquer situações e momento, será eleito como a preocupação máxima e interesse maior das nossas realizações.

Multiplicando os pães da fé e da confiança nunca deixaremos de acreditar piamente que não estamos sozinhos, mesmo que aparentemente o mundo nos mantenha isolados, pois do olhar da Providência Divina ninguém está fora de alcance.

Multiplicando os pães do amor veremos as criaturas do caminho como irmãos a serem considerados, dignos merecedores da nossa solidariedade e respeito.

Multiplicando os pães da alegria contagiaremos aqueles que seguem conosco, informando a eles que o otimismo e a esperança são conquistas que não podem deixar de residir no íntimo dos nossos corações.

Multiplicando os pães do silêncio, saberemos como conter a palavra descortês e, às vezes descuidada, que se lançada poderá destilar o fel da crítica ou o azedume do comentário menos feliz, além de evitar, muitas vezes, sérias contendas ou terríveis e inoportunas discussões.

Multiplicando os pães da humildade teremos plenas condições de combater as investidas deletérias do orgulho que tanto sofrimentos causam no meio social, e segurar os ataques perigosos do egoísmo, essa chaga nefasta que aprisiona os nobres sentimentos humanos.

Nem sempre temos condições de realizar grandes obras ou feitos, mas, por certo, temos absolutas possibilidades de fazer pequenas coisas, aquelas que realmente somam, formando a atmosfera de uma vida melhor para todos.

XLIII

Não alimente a violência

Pedro... Embainha a tua espada!
Jesus *(João, 18:11)*

MUITOS RECLAMAM DA violência que campeia à solta, nas ruas, praças esportivas, nos lares, no trânsito... E nem cogitamos do que estaria por trás desses atos de barbárie. Porém, uma análise mais profunda permitirá encontrar a causa na explosão coletiva dos sentimentos violentos que ainda alimentamos em nossa intimidade.

Vivendo num mundo de expiações e provas, ainda não estamos sabendo conviver socialmente, diante desse mosaico de direitos e deveres que precisa, urgentemente, ser considerado e respeitado.

Mesmo fazendo uso da razão há mais de 40 mil anos – como nos informa André Luiz em *Libertação*, obra psicografada por F. C. Xavier –, alguns avançaram mais; outros avançaram menos, o que deu origem a tantas diferenças entre as criaturas, mas a nossa condição espiritual, no todo, ainda é muito acanhada.

Ao denegrir a imagem de uma pessoa, estamos cultuando a violência, pois nesse momento emitimos vibrações de natureza inferior na direção dela, criando uma ambiência pestilenta para nós e para ela.

Agindo com egoísmo na defesa somente dos nossos interesses, menosprezando a necessidade dos irmãos que seguem conosco pelas estradas da vida, desenvolvemos a violência, que prejudica a paz que desejamos.

Dando vazão ao orgulho que carregamos no âmago, que nos faz acreditar que somos melhores e mais importantes que os outros, alimentamos a violência, que, mais cedo ou mais tarde, trará os deletérios reflexos de que é detentora.

Mantendo a insensibilidade para com a dor e o sofrimento que assolam tantos seres humanos, vitimando famílias, comunidades e mesmo as nações, acomodamos a violência, que nos faz indiferentes e descuidados ante os padecimentos e aflições que torturam corações.

Adeptos de manifestações populares agressivas e desordeiras, nós destilamos a violência que dormita nos recônditos da nossa alma, como um vulcão, que aguardava apenas um ensejo para despertar.

Usando a tirania e o despotismo no ambiente familiar, descuidados da responsabilidade de conduzir decentemente os filhos que estão sob nossa guarda, demonstramos o quanto de violência ainda reside em nós, nascedouro de rios de lágrimas e montanhas de infelicidades.

Conservando o mau humor e a rabugice, pelos ambientes em que convivemos, deixamos um rastro de violência que fere e incomoda quem se relaciona conosco.

Uma vez que as criaturas em sã consciência e plena lucidez de raciocínio desejam viver em paz e felizes, todas as vezes que agirmos contrariando essa vocação natural das pessoas, nós estaremos exercitando a violência.

Portanto, se a violência visível, palpável e amedrontadora está nos incomodando, com seus reflexos nocivos e apavorantes, reflitamos maduramente, no desejo de identificar o quanto estamos contribuindo para que essa mazela, tão perniciosa e destruidora, tenha a dimensão dos dias atuais.

Não esqueçamos de que um incêndio devastador tem início numa pequena chama e que uma enchente avassaladora é o somatório de gotas pequeninas de água.

Não basta gritar, reclamar e espalhar descontentamento. Será preciso agir colaborando para a serenidade dos ânimos, principalmente não esquecendo a imprescindível e urgente necessidade da vivência prática das oportunas lições contidas no evangelho de Jesus Cristo, especialmente quando ele ordena a Pedro: embainha a tua espada!

XLIV

Marcas do Cristo

Quanto ao mais, ninguém me moleste;
porque eu trago, no corpo, as marcas de Jesus.
Paulo *(Gálatas, 6:17)*

PAULO DE TARSO, de forma determinante gravou em si, mediante renúncia, perseverança e determinação, as reconhecidas marcas do Cristo, desenvolvendo notável trabalho na divulgação das valiosas e imprescindíveis lições de Jesus.

Seu labor incansável e destemido, numa época extremamente hostil para a implantação de novas ideias, principalmente aquelas que contrariavam os hábitos e costumes dos poderes dominantes, contribuíram sobremaneira para que o cristianismo ganhasse a popularidade dos dias presentes.

Francisco Cândido Xavier impregnou-se pelas marcas do Cristo trabalhando por mais de 70 anos na mediunidade, tendo publicado, aproximadamente, 450 livros, oferecendo-nos manancial incomensurável de ensinamentos espirituais, além de dar testemunhos de humildade e serviço, por toda a vida, como deve se portar um verdadeiro cristão.

Madre Teresa de Calcutá carregou as marcas do

Cristo ao vivenciar as lições evangélicas, por meio das ações sociais e beneméritas em favor dos povos pobres e sofridos do Oriente, espalhando o amor e o bem em todas as direções.

Irmã Dulce, na Bahia, mostrou em si as marcas do Cristo ao desenvolver um profícuo labor em prol de crianças e pessoas carentes, erguendo obras filantrópicas de profundo alcance e valor social, minimizando o sofrimento, a dor e a angústia de milhares de criaturas.

Francisco de Assis, na Itália, foi marcado pelo Cristo, despojando-se da vida abastada para levar o evangelho de Jesus ao povo sofrido da sua comunidade, num legado de humildade, abnegação e caridade.

Jerônimo Mendonça, em Minas Gerais, mesmo vivendo em uma maca, tetraplégico e cego, evidenciou as marcas do Cristo, edificando creche, centro espírita, gráfica. Publicou livros e discos, realizando palestras pelo Brasil inteiro, sem medir esforços ou apresentar cansaço, sempre buscando socorrer os irmãos em necessidades.

Mohandas Karamchand Gandhi, na Índia, patenteou as marcas do Cristo, libertando o povo indiano da opressão britânica, lutando destemidamente, mas sem usar da força. Mais tarde, o mundo reconheceria nesse homem o grande líder e pacifista, chamado *Mahatma*, que significa "grande alma".

Martin Luther King, nos Estados Unidos, carregou o Cristo marcado em si, defendendo os direitos das mulheres e dos negros, trabalhando sem detença por uma sociedade mais justa, fraterna e humana. Foi extremamente sábio quando disse: "O que mais preocupa não é o grito dos corruptos, dos violentos, dos desonestos, dos sem caráter, dos sem ética. O que mais preocupa é o silêncio dos bons".

Inúmeras criaturas, das mais variadas formas e métodos, souberam carregar as marcas do Cristo, aplainando nossas estradas para que possamos caminhar com mais tranquilidade, conforto e segurança.

Resta, então, perguntar: quais são as marcas do Cristo em nós?

XLV

Prosperidade espiritual

Portanto, agora nenhuma condenação há para os que estão em Cristo Jesus, que não andam segundo a carne, mas segundo o espírito.
Paulo *(Romanos, 8:1)*

NUM CERTO MOMENTO, estando na Espiritualidade, tomamos consciência de que somos herdeiros de nós mesmos e que a perfeição procurada depende única e exclusivamente dos nossos esforços, no âmbito do código divino a que estamos inseridos.

Ante tal constatação, e no afã de promover nossa prosperidade espiritual, lançamos apelos aos benfeitores da humanidade, para que possibilitem recursos e oportunidades, permitindo lograrmos o êxito da melhoria íntima, criando plataforma segura para a felicidade futura. Assim, abrem-se, para nós, as portas da nova e presente encarnação.

Então, que se espera do ser que acaba de receber tamanha dádiva? Munidos de mecanismos e de uma gama imensurável de chances concretas que pululam ao nosso redor, totalmente disponíveis, estamos diante do serviço e das boas oportunidades de trabalho, que esperam por nossa boa vontade e real interesse em aproveitá-las.

A sociedade que nos acolhe é imenso campo de trabalho onde "a seara é grande e os trabalhadores são poucos"[22], conforme assinalou Jesus. Basta um olhar atento ao nosso redor e, de imediato, identificaremos sem muito esforço o panorama de serviços que carece de mãos firmes e desejos férreos em executá-lo.

Ao nos candidatar à tarefa, despidos de interesses pessoais e revestidos de real amor e consideração pelo próximo, estaremos ampliando o leque das nossas conquistas espirituais. A paz e a serenidade, que ansiamos, nascerão da paz e da serenidade que plantarmos nos corações alheios, pois ninguém conseguirá ser feliz sozinho, por mais que tente.

Observemos, atentamente, como estamos conduzindo os nossos dias aqui na Terra. Lembremos que, num momento, na Espiritualidade, diante da nossa acanhada posição evolutiva, pedimos aos amigos espirituais que avalizassem uma nova oportunidade neste grande educandário. E eles, com denodo e consideração, confiaram nas propostas que apresentamos. Então, seria uma ingratidão não aproveitá-las agora. Além, obviamente, do prejuízo creditado a nós mesmos.

Analisemos, pois, maduramente, como está o nosso grau de vaidade. Será que estamos dando mais ênfase às conquistas materiais do que às espirituais? As coisas do mundo têm sim o seu significado e impor-

---

22 Lucas 10:1,2

tância, desde que sirva de base para que logremos o sucesso espiritual. Preferir as primeiras em detrimento das segundas será abrir caminho para o fracasso.

Procuremos refletir sobre o aproveitamento do nosso tempo, sobre a intensidade da paciência que usamos, sobre a dimensão da fraternidade que colocamos em prática...

Procuremos refletir sobre a caridade desenvolvida em favor daqueles que caminham conosco. Sobre o perdão que beneficia tanto quem ofende como o ofendido e sobre a humildade e a simplicidade que tornam a vida menos complicada e mais sensível...

Procuremos refletir sobre o egoísmo e o orgulho, essas terríveis chagas que têm feito correr rios de sangue e lágrimas e feito crescer montanhas de ódio e de ressentimentos. Procuremos, ainda, refletir sobre a resignação e a tolerância, vias indispensáveis para o bom e eficaz relacionamento entre as criaturas.

No mundo espiritual, um dia no passado, com a visão mais clara e ampliada, vislumbramos o caminho que nos levaria ao objetivo planejado. Agora, estando na Terra, como havíamos solicitado, não permitamos, mesmo que isso nos custe renúncias e sacrifícios, que o nosso olhar se perca nos labirintos enganosos das ilusões e das fantasias, tão numerosas e atraentes na atualidade.

Mantenhamos a nossa meta, pois a matéria é transitória, e o espírito é definitivo.

Reflita comigo!

Você precisa conhecer:

Resposta dos espíritos

Waldenir Aparecido Cuin
Estudos • 14x21 cm • 224 páginas

Em *Respostas dos Espíritos*, Waldenir Cuin selecionou algumas destas questões para refletir com o leitor sobre temas do cotidiano, com o objetivo de fazer da análise de cada uma a base para entendermos nossa própria evolução moral e espiritual. A leitura atenta deste livro nos ajudará a reformular nossa conduta, buscar nossa perfeição e, como resultado, chegar mais perto da felicidade.

O evangelho de Judas

José Lázaro Boberg
Estudos • 14x21 cm • 208 páginas

Um trabalho audacioso onde José Lázaro Boberg faz uma análise crítica da vida de Judas Iscariotes baseando-se nos recém-descobertos escritos denominados evangelho de Judas. O autor reflete sobre o verdadeiro papel deste apóstolo na passagem de Jesus pelo planeta Terra. Afinal, Judas é um traidor ou um herói?

Obstinação

Wanda A. Canutti • Eça de Queirós e Charles (espíritos)
Romance mediúnico • 16x22,5 cm • 352 páginas

A professora Wanda Canutti (1932-2004) e o espírito Eça de Queirós já nos presentearam com grandes romances, como Getúlio Vargas em dois mundos. Agora a dupla nos apresenta Obstinação contando a história de Ingrid, espírito determinado que age com paixão em tudo que se dispõe a realizar.

Você precisa conhecer:

Getúlio Vargas em dois mundos

Wanda A. Canutti • Eça de Queirós (espírito)
Romance mediúnico • 16x22,5 cm • 344 páginas

Getúlio Vargas realmente suicidou-se?

Como foi sua recepção no mundo espiritual?

Qual o conteúdo da nova carta à nação, escrita após sua desencarnação?

Saiba as respostas para estas e outras perguntas.

A vingança do Judeu

Vera Kryzhanovskaia • John Wilmot Rochester (espírito)
Romance mediúnico • 16x22,5 cm • 424 páginas

O clássico romance de Rochester agora pela **EME**, com nova tradução, retrata em cativante história de amor e ódio, os terríveis fatos causados pelos preconceitos de raça, classe social e fortuna e mostra ao leitor a influência benéfica exercida pelo espiritismo sobre a sociedade.

Peça e receba – O Universo conspira a seu favor

José Lázaro Boberg
Autoajuda • 16x22,5 cm • 248 páginas

José Lázaro Boberg reflete sobre a força do pensamento, com base nos estudos desenvolvidos pelos físicos quânticos, que trouxeram um volume extraordinário de ensinamentos a respeito da capacidade que cada ser tem de construir sua própria vida, amparando-se nas Leis do Universo.

Não encontrando os livros da EME na livraria de sua preferência, solicite o endereço de nosso distribuidor mais próximo de você através do Fone/Fax: (19) 3491-7000 / 3491-5449.
E-mail: vendas@editoraeme.com.br – Site:www.editoraeme.com.br